全国中考语文现代文阅读
"热点作家"
经典作品精选集

试卷上的作家

用三十年等我自己长大

叶倾城 / 著
张国龙 / 主编

延伸阅读　备战中考
适合考生做语文阅读的散文集
走进语文之美，领略阅读精髓

初中版

丰富的阅读素材
从童年往事到世间百态
从青葱校园到异域风光
开拓视野，看见世界，提升写作能力和人文素养

四川文艺出版社

图书在版编目（CIP）数据

用三十年等我自己长大 / 叶倾城著. -- 成都：四川文艺出版社，2023.7
（试卷上的作家）
ISBN 978-7-5411-6705-8

Ⅰ.①用… Ⅱ.①叶… Ⅲ.①阅读课—中学—教学参考资料 Ⅳ.①G634.333

中国国家版本馆CIP数据核字（2023）第122497号

YONG SANSHINIAN DENG WOZIJI ZHANGDA
用三十年等我自己长大
叶倾城　著

出 品 人	谭清洁
责任编辑	张亮亮
封面设计	宋双成
内文设计	宋双成
责任校对	文　雯
出版发行	四川文艺出版社（成都市锦江区三色路238号）
网　　址	www.scwys.com
电　　话	028-86361802（发行部）　028-86361781（编辑部）
排　　版	北京书香文雅图书文化有限公司
印　　刷	三河市兴国印务有限公司
成品尺寸	165mm×235mm　　开　本　16开
印　　张	14　　　　　　　　字　数　170千
版　　次	2023年7月第一版　印　次　2023年7月第一次印刷
书　　号	ISBN 978-7-5411-6705-8
定　　价	39.80元

版权所有，侵权必究。如有印装质量问题，请与出版社联系调换。联系电话：028-86361795。

总 序

情感和思想的写真

张国龙

和小说、诗歌等相比，散文与大众更为亲近。大多数人一生中或多或少会运用到散文，诸如，写作文、写信、写留言条等。和小说相比，散文大多篇幅不长，不需占用太多的读写时间；和诗歌相比，散文更为通俗易懂。一句话，散文具有草根性和平民性气质。

在中小学语文课本中，散文篇目体量最大。换句话说，散文是中小学语文教学不可或缺的资源。中学生所学的语文课文大多是散文；小学生初学写作文，散文便是最早的试验田。从某种意义上说，中小学作文教学就是散文教学，主要涉及记叙性散文、抒情性散文和议论性散文。在中考、高考等各类考试中，作文的写作离不开这三类散文，甚至明确规定不可以写成诗歌。可见，散文这一文体在阅读和写作中占据了举足轻重的地位。

然而，散文作为一种"回忆性"文体，作者需要丰富的生活经历和厚重的人生体验。散文佳作，自然离不开情感的真挚性和思想的震撼性。因此，书写少年儿童生活和展现少年儿童心灵世界的散文，无外乎两类：一是成年作家回望童年和少年时光；二是少年儿童书写成长中的自己。这两类散文可统称为"少年儿童本位散文"。显而易见，前者数量更大，作品质量更高。事实上，还有相当一部分散文作品，虽然并非以少年儿童为本位，却能被少年儿童理解、接受，能够滋养少年儿童的心灵。

这套丛书遴选了众多散文名家，每人一部作品集。这些作家作品可以分作两类。一类是主要从事儿童文学创作的作家，基于少年儿童本位创作的散文，比如吴然的《白水台看云》、安武林的《安徒生的孤独》、林彦的《星星还在北方》、张国龙的《一里路需要走多久》。另一类是主要创作大众文学的作家，虽不是专为少年儿童创作，却能被少年儿童接受的散文，比如，刘心武的《起点之美》、韩小蕙的《目标始终如一》、刘庆邦的《端灯》、曹旭的《有温度的生活》、王兆胜的《阳光心房》、杨海蒂的《杂花生树》、乔叶的《鲜花课》、林夕的《从身边最近的地方寻找快乐》、辛茜的《鸟儿细语》、张丽钧的《心壤之上，万亩花开》、安宁的《一只蚂蚁爬过春天》、朱鸿的《高考作文的命题与散文写作》、梅洁的《楼兰的忧郁》、裘山山的《相亲相爱的水》、叶倾城的《用三十年等我自己长大》、简默的《指尖花田》、尹传红的《由雪引发的科学实验》。一方面，这些作家的作品皆适合少年儿童阅读；另一方面，这些作家的某些篇章曾出现在中小学生的语文试卷上。因此，可以称他们为"试卷上的作家"。

通观上述作家的散文集，无论是否以少年儿童为本位，都着力观照内心世界，抒发主体情思，崇尚真实、自由、率性的表达。

这些散文集涉及的题材多种多样，大致可分为如下三类：

其一，日常生活类。"叙事型"和"写景状物型"散文即是。铺写"我"的童年、少年生活中真实的人、事、情、景。以记叙为主，抒情与议论点染其间。比如，刘庆邦的《十五岁的少年向往百草园》

以温润的笔触，描摹了"我"在十五岁那年拜谒鲁迅故居的点点滴滴，展现了一个乡村少年对大文豪鲁迅先生的渴慕与敬仰。安武林的《黑豆里的母亲》用简约的文字，勾勒出母亲一生的困苦、卑微和坚忍，字里行间点染着悲悯与痛惜。

其二，情感类。通常所说的"抒情型"散文属此范畴，即由现实生活中的人、事、情、景引发的喜、怒、哀、乐等。以渲染"我"的主体情思为重心，人、事、情、景等是点燃内心真情实感的导火索。比如，梅洁的《童年旧事》饱蘸深情，铺叙了童年的"我"和同班同学阿三彼此的关心。一别数十载，重逢时已物人两非。曾经有着明亮单眼皮眼睛的阿三，已被岁月淘洗成"一个沉静而冷凝的男子汉"。"我"不由得轻喟"成年的阿三不属于我的感情"。辛茜的《花生米》娓娓叙说了父亲为了让"我"能吃到珍贵的花生米，带"我"去朋友家做客，并让"我"独自留宿。一夜小别，父女似久别重逢。得知那家的阿姨并没有给"我"炸花生米吃，父亲欲说还休。多年之后的"我"，回忆起这件事仍旧如鲠在喉。

其三，性情类。"独白型"散文即是。心灵世界辽阔无边，充满了芜杂的景观。事实上，我们往往只能抵达心灵九重天的一隅。在心灵的迷宫中，有多少隐秘、幽微的意识浪花被我们忽略？外部世界再大也总会有边际，心灵世界之大却无法准确找到疆界，如同深邃莫测的时光隧道。每天一睁眼，意识就开始流动、发散，我们是否能够把内心的律动细致入微地记录下来？这必定是高难度写作。如果我们追问个体生命的具体存在状态，每一天的意识流动无疑就是我们存在的最好确证。比如，曹旭的《梦雨》惜字如金，将人的形象和物的意象有机相融，把女性和江南相连缀，物我同一。

尤其是把雨比喻成女孩,"第一次见面,你甚至不必下,我的池塘里已布满你透明的韵律",空灵、曼妙,蕴藉了唐诗宋词的意味。乔叶的《我是一片瓦》由乡村习见的"瓦"浮想联翩,岁月侄偬,"瓦"已凝结成意象,沉入"我"的血脉,伴随我到天南海北。"瓦"是"我"写作的情结,更是另一个"我"。杨海蒂的《我去地坛,只为能与他相遇》,"我"因为喜欢史铁生的《我与地坛》而一次次去地坛,真真切切地感受史铁生的轮椅和笔触曾触摸过的一草一木。字里行间,漫溢出一个人对另一个人的体恤与爱怜、一位作家对另一位作家的仰望与珍视。或者说,一个作家文字里流淌的真性情,激活了另一个作家的率性和坦荡。

不管是铺写日常生活、表达真挚情感,还是展现率真性情,上述作品大体具有如下审美特征:

其一,真实性。从艺术表现的特质看,散文是最具"个人性"的文体,一切从自我出发。或者说,散文就是写作者的"自叙传"和"内心独白"。这就决定了散文的内容,其人、事、情、景等皆具有真实性,甚至可以一一还原。当然,真实性在散文中呈现的状态是开放、多元的,与虚假、虚构相对抗,尤其体现在表象的真实和心理的真实。不管是客观、物化的真实,还是主观、抽象的心理真实,只要是因"我"的情感涌动而吟唱出的"心底的歌",就无碍于散文的"真"。散文的真实,大多体现为客观的真实,即"我"亲历(耳闻目睹),"我"所叙述的"场景"实实在在发生过,甚至可以找到见证人。对事件的讲述甚至具有纪实性,与事件相关的人甚至可以与"我"生活中的某人对号入座。叙写的逻辑顺序为:"我"看见+"我"听见+"我"想到,即"我"的所见、所闻和所感，且多采取"叙述＋抒情＋议论"的表现方式。比如，林彦的《夜别枫桥》，少年的"我"先是遭遇父母离异，而后因病休学，独自客居苏州。那座始终沉默无语的枫桥，见证了"我"在苏州的数百个日日夜夜。那些萍水相逢的过客，给予了"我"终生铭记的真情。

其二，美文性。少年儿童散文通常用美的文字，再现美的生活，营造美的意境，表现美好的人情、人性和人格，是真正的"美文"。比如，吴然的《樱花信》，语言叮当如环佩，景物描写美轮美奂，读来令人神清气爽，齿唇留香。"阳光是那样柔和亮丽，薄薄的，嫩嫩的，从花枝花簇间摇落下来，一晃一晃地偷看我给你写信……饱满的花瓣，那么嫩那么丰润，似乎那绯红的汁液就要滴下来了，滴在我的信笺上了。你尽可以想象此刻圆通山的美丽。空气是清澈的，在一缕淡淡的通明的浅红中，弥漫着花的芬芳……昆明人都来看樱花，都来拜访樱花了！谁要是错过了这个芬芳绚丽的节日，谁都会遗憾，都会觉得生活中缺少了一种情调、一种明亮与温馨……"安宁的《流浪的野草》，文字素面朝天、洗尽铅华，彰显了空灵、曼妙、清丽的情思。"燕麦在高高的坡上，像一株柔弱的树苗，站在风里，注视着我们的村庄。有时，她也会背转过身去，朝着远方眺望。我猜那里是她即将前往的地方。远方有什么呢，除了大片大片的田地，或者蜿蜒曲折的河流，我完全想象不出。"

其三，趣味性。少年儿童生活色彩斑斓，充满了童真、童趣。少年儿童散文不论是写人、记事，还是抒情、言志，皆注重生动活泼、趣味盎然。与此同时，人生中的诸多真谛自然而然地流淌于字里行间，从而使文章具有超越生活的理趣，既提升了文章的境界，又能陶冶阅读者的性情。比如，王兆胜的《名人的胡须》，用瀑布、白云、大扫帚、括弧、燕子等各种事物类比各个名人各具特色的胡须。稀松平常的胡须看似可有可无，却有着不同寻常的意义。古今中外名人与胡须的逸事，读来令人莞尔，幽默、风趣的笔调里蕴含着举重若轻的哲理。张丽钧的《兰花开了18朵》，"我"时常和蝴蝶兰说话，如母亲的斥责，似闺密的呢喃，像恋人的娇嗔，满满的人间情怀里渗透着天然的机趣。"我家这株蝴蝶兰，真真是个慢性子——一簇花，耗费了整整66天的时间，才算是开妥了。从2月24日到5月1日，总共开了18朵花，平均3.67天开一朵。我跟她说：'亲呀亲，你可是我拉扯大的呀，咋这脾性半点儿都不随我呢？这么慢条斯理地开，你是打算把全部春光都占尽了吗？'"

  散文创作通常与作者的亲身经历密切相关，尤其注重展现真性情，因此散文抒写的往往是个人的心灵史和情感史。这些散文作品不单是中学生写作的范本，还是教导中学生为人处世的良师益友！

2022年10月18日
于北京师范大学

目录 CATALOGUE

/试卷作家真题回顾/

在妈妈的膝头上 / 2

母亲的心 / 5

/试卷作家美文赏练/

一个鱼头七种味 / 10

"抱紧啊,千万不能松手……" / 12

这就是父亲 / 15

我们天上的外公 / 17

姥姥的蚊帐 / 22

走在每一位母亲的情怀里 / 26

妈妈做的菜 / 30

唤 / 33

雨一直下…… / 37

北风乍起时 / 39

妈妈在这里　/ 41
爸爸再也不回来　/ 44
忆前尘　/ 49
其实真的很想　/ 52
▶预测演练一　/ 55

喝茶的日子　/ 58
猴年马月　/ 60
老人与花　/ 63
一棵开花的树　/ 65
音乐在我掌上　/ 67
人家的儿女　/ 75
叫妈妈来听电话　/ 77
用三十年等你长大　/ 79
我只能陪你到这里　/ 83
死亡唇边的微笑　/ 86
韩爷爷的书　/ 89
汤里有盐　/ 93
吃饱了再说　/ 96
如何告诉你青是最美丽的颜色　/ 99
▶预测演练二　/ 102

何人煎出春意长　/ 104
永远不必说错过　/ 108

人行道之茧 / 111

一碗糁的尊严 / 114

街戏 / 117

初夏 / 121

我受苦受难的兄弟呀 / 125

茉莉橘子 / 128

一个人的路，一个人走 / 132

与爱情无关的情人节玫瑰 / 136

廿年迟 / 139

时光沙漠 / 142

吃不得也《诗经》 / 146

▶预测演练三 / 149

鸡鸣三遍 / 151

只隔了一座假山 / 153

悬崖上的红莓果 / 155

长江旁边有条河 / 158

因为慈悲所以冷酷 / 160

捷径，是更漫长的道路 / 164

智慧来自双手 / 168

每一个开始里都住着天使 / 172

祝福与学习让嫉妒焕然一新 / 176

不是天意 / 180

如果树会说话 / 183

易学难精　/ 186

边讨厌边继续　/ 189

当你跑步时你在想什么　/ 193

我在，我自在　/ 196

▶预测演练四　/ 200

参考答案　/ 203

在妈妈的膝头上

①大姐告诉我，在她的独生女儿小满出生之后，她曾经反反复复想：要让孩子成为一个什么样的人？小时候作文课上写《我的理想》时提到的那些宇航员、科学家、警察吗？

②后来她换了一个问法：要不要让孩子成为自己这样的人？但她第一个想到的就是自己的缺点：不爱看书学习。就这样，她先定了个小目标：让小满做一个爱看书学习的孩子。

③她第一次牵着小满进书店，三岁的孩子在书架间跌跌撞撞了几步，发现书不能啃，也不能拿在手里，很快失去兴趣，掉头就要往外走，被她一把揪住，还不甘心地一直指外面的零食店。小孩子最喜欢什么？吃。

④小满从小就对吃兴趣盎然。一岁多一点，她在学步车上摔了一大跤，牙齿都磕出了血，正哇哇大哭，我们赶紧在她手里塞了一枚旺仔小馒头，哭声立止。两岁多，小满第一次吃到冰激凌，美味像重锤直击她心。这一刻，大姐弯下腰，对小满说："你在这里看一小时书，就带你去吃好吃的。"小满立刻眉开眼笑，乖乖去看书。

⑤当时的书店不能坐不能靠，小家伙倒是不介意坐地上看书，可是她妈介意。最后，大姐背靠墙，一膝跪地，一膝蹲，给小满当

座位。小满坐在她膝上,像小雀儿赖在满是草香的鸟巢里,静静翻开她一生中第一本书。

⑥蹲一会儿,累了,便换个膝盖。又累了,再换。小满渐渐看书着了迷,任她妈把她颠过来倒过去,全无知觉。不过小满还是坐不住,半小时就闹着要吃东西。大姐叹口气,屈服了。小满精神食粮和物质食粮双丰收,开心得不得了。

⑦第二周,小满主动说:"妈妈,我们去书店吧,看完了去吃好吃的。"这句话,大姐印象特别深,因为太高兴了。从此她们每周必去书店。开始是一小时,后来小满阅读的时间越拖越长,份量也与日俱增,大姐的膝盖就更加是负重深蹲。

⑧直到小满上小学,各种培训班越来越多,这件事才渐渐停止。而让大姐欣慰的是:小满,真的如她所愿,成了一个爱看书学习的孩子。好处是小满成绩优异,目前就读于美国哥伦比亚大学;坏处是小满年纪轻轻就得经常考虑减肥这件事,得在跑步机上挥汗如雨。

⑨大姐在好几年前,膝盖就开始不太行了,要经常去针灸、拔火罐、吃骨维力。可是,她的膝头,曾经承托过一个孩子的未来呀,如托泰山。

(原载《文摘报》2019年5月11日03版)

(湖北省恩施市2020—2021学年七年级上学期语文期末试卷)

> 试 题

1. 根据第①②段内容，用两个词语概括妈妈的性格特点。（2分）

_____

2. 本文为什么以"在妈妈的膝头上"为题？（3分）

_____

_____

3. "直到小满上小学，各种培训班越来越多，这件事才渐渐停止"一句中"这件事"指什么事？"这件事"对小满人生的重大影响是什么？（2分）

_____

_____

4. 请从修辞角度赏析第⑤段中画线的句子。（3分）

小满坐在她膝上，像小雀儿赖在满是草香的鸟巢里，静静翻开她一生中第一本书。

_____

_____

_____

5. "陪伴是最美的长情。"读完了这篇文章，你最想对自己的妈妈或爸爸说点什么呢？（5分）

_____

_____

_____

母亲的心

①朋友告诉我：她的外婆老年痴呆了。

②先是不认识外公，坚决不许这个"陌生男人"上她的床，同床共枕了五十年的老伴只好睡到客厅去。有一天出了门就不见踪迹，最后在派出所的帮助下才终于将她找回。原来外婆一心一意要找她童年时代的家，怎么也不肯承认现在的家跟她有任何关系。

③哄着骗着，好不容易说服外婆留下来，外婆却又忘了她从小一手带大的外孙、外孙女们，以为他们是一群野孩子，来抢她的食物，她用拐杖打他们，一手护住自己的饭碗："走开走开，不许吃我的饭！"弄得全家人都哭笑不得。

④幸亏外婆还认得一个人——朋友的母亲，记得她是自己的女儿，每次看到她，脸上都会露出笑容，叫她"毛毛，毛毛"。黄昏的时候搬个凳子坐在楼下，唠叨着："毛毛怎么还不放学呢？"——连毛毛的女儿都大学毕业了。

⑤家人吃准了外婆的这一点，以后她再说要回自己的家，就恫吓她："再闹，毛毛就不要你了。"外婆就立刻会安静下来。

⑥有一年国庆节，来了远客，朋友的母亲亲自下厨烹制家宴，招待客人。饭桌上外婆又有了极为怪异的行动。每当一盘菜上桌，外婆都会警觉地向四面窥探，鬼鬼祟祟地，仿佛一个准备偷糖的小

孩。终于判断没有人在注意她,外婆就在众目睽睽下挟上一大筷子菜,大大方方地放在自己的口袋里。当然是宾主皆大惊失色,却又彼此都装着没有看见,只有外婆自己,仿佛认定自己干得非常巧妙隐秘,露出欢畅的笑容。那顿饭,吃得实在是有些艰难。

⑦上完最后一个菜,一直忙得脚不沾地的朋友的母亲,才从厨房里出来,一边问客人"吃好了没有",一边随手从盘子里拣些剩菜吃。这时,外婆一下子弹了起来,一把抓住女儿的手,用力拽她,女儿莫名其妙,只好跟着她起身。外婆一路把女儿拉到门口,警惕地用身子挡住众人的视线,然后就在口袋里掏啊掏,笑嘻嘻地把刚才藏在里面的菜捧了出来,往女儿手里塞:"毛毛,我特意给你留的,你吃呀,你吃呀。"

⑧女儿双手捧着那一堆各种各样、混成一团、被挤压得不成形的菜,好久,才愣愣地抬起头,看见母亲的笑脸,她突然哭了。

⑨当疾病切断了外婆与世界的所有联系,让她遗忘了生命中的一切关联、一切亲爱的人,而唯一不能割断的,是母女的血缘。她的灵魂已经在疾病的侵蚀下慢慢地死去,然而永远不肯死去的,是那一颗母亲的心。

(山东省滨州市惠民县2017—2018学年七年级上学期语文期中试卷)

▶试 题

1. 请用简洁的语言概括文章的主要内容。（3分）

2. 第⑦段中画线的句子运用了_____描写、_____描写和_____描写，其作用是_____。（4分）

3. 第⑧段中"她"为什么"突然哭了"？（3分）

4. 从情节上看，该文用大量的笔墨渲染了母亲的痴呆等怪异行为，这样安排的作用是什么？（3分）

5.从表达方式上看,最后一节是_____,这一节点明本文的主题是_____
_____
_____
(用原文中的语句回答)(2分)

试卷作家
美文赏练

一个鱼头七种味

心灵寄语

> 爱是一种无需言说的情感,它是一种心灵的默契,一种用心去感受的体验。我们应该学会用心体会身边人对我们的爱,同时也要学会用心去爱身边的人。

在朋友家吃晚饭,一盘色香味俱全的红烧鱼刚上桌,朋友已不声不响地一伸筷,把鱼头挟到了自己碗里。

回去路上,灯火淡淡的小径上,我说:"一起吃过那么多次饭,我都不知道你爱吃鱼头。"

他答:"我不爱吃鱼头。"

"从小到大,鱼头一直归我妈。她总说:一个鱼头七种味,我跟爸就心安理得地吃鱼身上的好肉。直到有一天我看到一本书。那上面说,所有的女人都是在做了母亲之后才喜欢吃鱼头的,原来,妈骗了我二十年。"朋友微笑看我,声音淡如远方的灯火,却藏了整个家的温暖,"也该我骗骗她了吧,不然,要儿子干什么?"

我一下子怔住了,夜色里这个平日熟悉的大男孩,仿佛突然长大了很多,呈现出我完全陌生的轮廓。

不久后的一天,我去朋友母亲的单位办事。时值中午,很自然地便一起吃午饭，没想到她第一个菜就点了砂锅鱼头。

朋友的话在我心中如林中飞鸟般惊起，我失声："可是——"

朋友母亲笑起来嘴角有小小的酒窝："我是真的喜欢吃鱼头，一直都喜欢。我儿子弄错了。"

"那您为什么不告诉他呢？"我问。

她慌忙摆手："千万不要。孩子大了，和父母家人也像隔着一层，彼此的爱搁在心里，像玻璃杯里的水，满满的，看得见，可是流不出来，体会不到，"她的声音低下去，"要不是他每天跟我抢鱼头，我怎么会知道，他已经长得这么大了，大得学会体贴妈妈、心疼妈妈了呢？"

砂锅来了，在四溢的香气里，我看见她眼中有星光闪烁。她微笑着拈了一个鱼头放在我碗里，招呼我："尝一尝，一种鱼头七种味呢。"

学着她的样子，我细细地吮咂着，第一次，我那样分明地品出了，它七种滋味里最浓烈、最让人心醉的一种——爱。

精彩赏析

这篇散文通过"吃鱼头"，展现了家庭中亲情的温馨，表达出了母子之间的情感联系和相互理解的重要性。同时，文中给人以启示，让人反思自己在家庭中的角色和责任以及如何更好地理解和关爱亲人。

"抱紧啊,千万不能松手……"

❀ 心灵寄语

> 无论何时何地,我们都应该坚守自己的信念,不轻易放弃,不畏艰难险阻,坚定地朝着目标前进。

她一直觉得母亲不喜欢她,不然,为什么还会想生一个弟弟呢?

父亲在省城打工,家里就只有她们两个人。母亲的肚子越来越大了,然而每当母亲叫她帮忙做事时,她总是装作没有听见,宁愿溜到门外小树下玩。

那棵小树就在她家的窗下,是她出生那年种下的,今年也是七岁,却还只有杯口般粗细,树叶稀落。她看着这棵细伶伶的小树,想起弟弟出生后自己会遭到怎样的嫌弃,泪水不知不觉地就涌了出来。

那晚,是阴历六月十六,月色明如水洗,她偶然看见,远方有一条黑线正迅速朝她奔来,正转身喊母亲:"妈妈,你看那是什么?"洪水已在顷刻间席卷而来。

"哐"一声,门窗尽破,巨大的洪水直泄而入,来势汹汹,她吓得大哭起来。母亲一把抱起她,奋力举出窗口,水流急劲,把她全身打得火辣辣地疼,求生的本能让她一把抓住小树。房子上每一块砖、每一片瓦都在颤抖，母亲拖着笨拙的、五个月身孕的身体爬出窗口，终于也抓住了小树。

一切都发生在不可想象的瞬间。洪水迅速盖过她的双脚，母亲用一只手用力把她往上抬，一直抬过自己的头顶。而她们身后，洪水已将房屋完全吞噬。

大水里，小树是她们唯一的依靠。然而那样纤细幼弱的生命如何承担得了两个人的重量。急流里，小树的腰肢深深弯下去，像一叶风帆般摇晃抖动，枝丫发出破碎的声音。

母亲沉沉看了她一眼，然后放开了手。

激流里，母亲浮浮沉沉的身体迅即成了一个小黑点，却还挣扎着回头喊道："抱紧啊，千万不能松手！"

她还不明白到底发生了什么，世界就已全盘改变，她只能对着夜空徒劳地哭叫："妈妈，妈妈呀……"水势急速上升，淹没她的腰部。突然，她觉得手臂上一阵冰凉，低头一看，不知哪来那么多的蛇正缘着她的身体游行而上，很快小树的每一根树枝上都爬满了蛇。

她吓得尖叫起来。月亮渐入中天，照得四周一片汪洋，她又冷、又饿、又害怕，嗓子哭哑了也没人听见，却一直牢记母亲最后的嘱咐，紧紧地抱住小树，一刻也不曾松开。

十个小时之后，从太阳升起的方向，开来了小舟。当解放军将她救上船时，这个七岁的小女孩，已经衣衫尽破，小手弯曲僵硬，许久许久都伸不开……

她是灾区第一个遇救者，可是她的母亲，却永永远远睡在失踪人员的名单里，连同她的，或许就是从来不曾叫过一声姐姐的弟弟。

或者，她要到很多年之后，才会真正明白母亲最后的一眼里所蕴含的全部深意。而她在漫长的一生里，耳边都会时时响起母亲的呼唤："抱紧啊，千万不能松手！"

\ 试卷上的作家

精彩赏析

  这篇散文以母爱为主题,通过描写小女孩在洪水中抓住小树的场景以及母亲对女儿的一声嘱咐"抱紧啊,千万不能松手",表现出母爱的伟大和坚韧。同时,运用了象征的表现手法,比如描写小树的生命力和蛇的形象,都有很好的象征意义。整篇散文情感真挚,文字简洁生动,读起来很有感染力。散文的主题也很鲜明,表达了对母爱的敬仰和感激,同时也对生命、家庭和希望有深刻的思考。

这就是父亲

🌸 心灵寄语

> 人生中最难得的情感，莫过于亲情。它能够让我们在最黑暗的时候找到光明，能够让我们在最困难的时候找到力量，能够让我们在最无助的时候感受到温暖。

清晨，住院的父亲对陪床的女儿说："你昨晚睡得真香呀，比我睡得还死……"

这是第二夜。前一夜，六十岁的父亲，突然嗜睡、意识模糊、行为怪异，老伴和女儿、女婿马上送他入院，大家取钱、交钱，答医生问，办手续，乱作一团，他只不断地站起、坐下，喃喃自语……

折腾半晚，天明父亲醒来，如大梦一场："我在医院？我怎么会在医院？"医生说他的病只是偶然、暂时的，彻查的各方面指数也都正常，全家人才好歹能睡个安稳觉。

因此女儿听了父亲的话，只笑笑，想：睡得沉些，也是应该的。没有答声。

过些日子，父亲病愈出院，偶有一次与女儿拉家常，说起病房的门：弹簧门，一开一启都无声无息，没有插销，大约是不必要，白天黑夜，医生护士川流不息，用脚一抵就开了。而病房的窗，当然也没有铁栅栏。

父亲说:"我就怕有坏人进来,对你不利呀……"

所以,父亲方蒙眬睡着,又陡地惊醒,转脸看女儿和衣睡在隔邻的病床上,斜扑着一动不动,心略略安了些,又闭了眼。睡意才一来袭,父亲又猛地一醒,赶紧看一眼女儿……心一直提着放不下,醒醒睡睡,就这样折腾了一夜。

三十岁的女儿,看着父亲,简直想不通:有坏人进来,他能怎么样?六十岁的老者,才从死亡的悬崖上被拖回来,一整天就喝了几口粥。一只手上还插着针,涓滴不遗,是生理盐水和氨基酸——有糖尿病,连葡萄糖都不能打。真遇歹徒,只怕他连呼救都难。

他却还记得,要护佑自己的女儿。

已婚而没有小孩的女儿,想笑,却扑扑地落了眼泪。她忽然懂得:这就是父亲。

精彩赏析

这篇散文通过一个父亲和女儿之间的故事,表现了父爱的伟大和无私。写作流畅自然,情感真挚动人。文章多处运用细节描写和对话,展现了父亲对女儿的关心和疼爱,深刻地表达了亲情的温暖和珍贵。整篇散文情感真挚,充满温情和感动,读来让人回想起自己和父母之间的感情,令人动容。

我们天上的外公

💮 **心灵寄语**

> 生命短暂，我们总在不断地告别。但是，人们在这个世界上的存在是互相连接的，我们之所以能够忍受离别的痛苦，是因为我们被彼此的爱所支撑。

小年第一次回武汉的时候，才一岁多，我们带她给我父亲上坟。对她说："去看外公。"

一产一育，我已经两三年没去过墓园，到了才知道正大兴土木，父亲墓前的一排松柏已经伐倒，变成新的墓群。——我还记得那风来的飒飒声，是沉默的安慰。此刻举目不见青葱，全是石碑。亡灵的世界和生者一样，变成浩大的石头公寓。

我们忙着清洁祭扫，小年在无人的墓园里跑来跑去，我赶紧过去制止——担心她踩到人家的坟茔。带她走的时候，她问："不是来看外公的吗？外公呢？在哪里？"

我心下难过，说："外公在天上。"

小年"哦"一声，仰头看去：天高云淡，晴空里什么都没有。她天真地笑起来，向上方摆摆手："外公拜拜。"

我热泪几乎夺眶而出。

\ 试卷上的作家

逢年过节、生辰死忌，我们只要有时间就去给父亲扫墓。小年糊里糊涂，只视之为游园活动，每次都兴高采烈："看外公真好玩儿。"偶尔她问我："这里是外公家吗？"

我说："是呀。"

"外公每次都不在家吗？他为什么不出来……"顿一下，词汇量不够，于是热烈地抱我，抱姥姥，抱大姨，"不出来这样呢？"用动静表达"欢迎"。

我说："年年……外公出不来了，他……去世了。"

"什么叫去世？"

"就是……他不在了，我们看不到了。他不回家了，去另外的地方了。"要过多少年，说这件事的时候，我不用忍着泪。

她双目静定地看我，问："去世就是死了吗？"

她问得这么直接。我不知道她是从何了解死亡的。我们养的小鸡死了，我们骗她说是不见了；乌龟不动了，我们告诉她是睡着了；《汤姆的外公去世了》的绘本故事，我与她一起听完，她没追问细节，我遂也没说什么。

而此刻，我只能硬着头皮说："嗯。"

她突然间大哭起来，抱紧我："妈妈我不要你死。妈妈我不要你死。"悲悲切切的小小哭声在墓地里荡开、消逝。这里的空气吸收了多少人的眼泪和哭喊，拧一拧，或许能像拧湿漉漉的毛巾一样发出雨声。

我费了好大劲才向她解释清楚："妈妈现在不会死的。人要活到一百岁才死。妈妈离一百岁还很远。"

她听得目不转睛，问："那姥姥呢？姥姥离一百岁是不是比你近？"

这是我不能不说"是"的问题。

于是她号啕大哭地转向姥姥，小小身体偎紧姥姥："我不要你到一百岁，我不要你死。"小手臂抓得那么用力，姥姥被她拖得直往下坠，腰弯成弓。姥姥一边勉力维持平衡，一边哄她："好好，姥姥不死，姥姥不死。"她的小脸蛋上全是泪。

——仿佛有人说过，文学式微的部分原因是现代人普遍长寿，作家活到三四十岁，可能祖父母还健在，遑论父母，一生不曾经历过死亡的阴影，就永远无法探索生命中的严肃主题。

这样的福气，我自己，我的孩子，都不曾得到。

"一百岁"成为小年的噩梦，经常天还没亮，她光着屁股跑到厨房对姥姥说："姥姥，我跟你说句话：你不要到一百岁。我不要你死。"也有时候，正在玩玩具、听故事，仿佛忽然间悲从中来，她扑向姥姥，左边脸亲亲，右边脸亲亲："姥姥你不要到一百岁。"大哭一场。

渐渐的她没这么悲情了，死亡恐怖而令人着迷的成分呈现出来。她问："妈妈会死吗？小树会死吗？沙包兔会死吗？"

我答："都会的。有生就有死。沙包兔……它是人制造出来的，也会损坏，坏就是它的死。"

她问："我长大也会死吗？"

"是的。"

"我死的时候多少岁？"

"一百岁。"

"那时你多少岁？"

"那时我已经死了。"

"你死了谁去给我上山（本地方言中的'扫墓'）？"

"你的宝宝，你的宝宝的宝宝，你的宝宝的宝宝的宝宝。"

宝宝这事物让她咯咯咯笑起来。她又不放心地问："他们知道我的家在哪里吗?"

　　我非常肯定:"知道。就像我知道外公家在哪里一样。"

　　话题又绕回外公身上:"外公没到一百岁就死了。为什么?"

　　——其实,这世上绝大多数人都到不了一百岁,而且没有为什么。

　　"外公生病了。"

　　"他身体不好?"

　　这是我不想涉及的话题。旧有的伤口被新生的肌肤、脂肪覆盖,看不到了不意味着痊愈。我说:"所以你要好好吃呀,身体好了就能活到一百岁。"

　　她很自然地接受了"外公在天上同时又在家里不出来",再带她去上山,她很高兴地,在墓园里跑来跑去,不时对着旷野某一处大喊:"外公……外公……"我不迷信,但刹那间,我希望她真的看到,那些我们看不到的人与事。不是都说小孩子眼睛最亮吗?

　　有一天,我们坐在公共汽车上,她无缘无故地说:"其实,全世界的人都是一样的。生下来,长大,到一百岁,"她双手一摊,"死掉,"哪里学来这动作,为什么与死亡连在一起?我想了很久才反应过来:那是大人经常用来表示"没有了"的手势,"……再生下来。"

　　——她指的不是同一个人,再被生下来吧?

　　我没有问,明知道问也白搭。逻辑对慧根,就是传说中的牛头对马嘴,跟 ATM 机说芝麻开门,一样十三不靠。

　　她心安理得地开始关注其他事:新上车的一个小妹妹,车厢前面电视上的广告,一大棵梧桐枝"啪啦"一声扫过车窗。

　　只是,如果我父亲已经转世,现在也快十岁了。也许正在这车上,背着小书包,刚放学,待会儿要去上钢琴课、乒乓球课、英语课、奥数课……他的父母爱他，正如我爱小年一样。小年说的没错，"世界上的人都是一样的"。我们总走过相似的道路，相同的给出与得到。我不会问谁来给我上山，我知道；我也不问我父亲曾为谁上过山，我也知道。

我的父亲，既在天上，也在墓园，更在人间，是任何一个我们身边的小孩，是小年，也是我自己。

精彩赏析

　　这篇散文情感真挚、深入人心，通过一个母亲和女儿的对话，让我们深刻地感受到死亡的存在和人生的脆弱。作者通过小年的眼睛，让我们看到了一个孩子对于死亡的恐惧，也让我们意识到，对于成年人，死亡往往是一种成熟和深刻的思考。散文的语言简洁朴实，却不失深度和意境，通过墓地和公共汽车上的细节描写，让我们深深感受到生死的暗示和人生的无常。整篇散文情感真挚而不做作，给人留下深刻而难忘的印象。

姥姥的蚊帐

🌸 **心灵寄语**

> 我们的先辈们用自己的双手为我们创造了美好的生活，我们也要珍惜他们的爱和汗水，用自己的方式传承。不管遇到什么挫折，我们都要像那些勤劳的女子一样，勇敢地面对，坚定地前行。

1962年，我妈第一次走出小乡村，背着被褥卷，也许还拎了一土布袋热红薯，搭汽车，转火车，再搭汽车，从河南出发，去武汉上大学。半个月之后，她写信给她的妈妈、我的姥姥："同学们都有蚊帐，我没有。"姥姥回信："蚊帐是什么？"

有一部小说叫《醒世姻缘传》，故事发生地不是河南就是山东："……原是湖滨低湿的所在，最多的是蚊虫。若是没有蚊帐，叮咬得甚是难当，终夜休想合眼。就是小玉兰（丫鬟）的床上，也有一顶夏布帐幔。"四百年过去了，我妈和我姥姥的日子，比不上书上的富家子。

我妈详详细细写给她："一种很稀很稀的棉布，和床一样长一样宽，高度比两张床之间的距离多一些。"没尺子，估计她用"CM"做单位，姥姥也不懂得，我妈是用线量的，三根长线就是三个尺寸。

没画图吗？蚊帐有一面是要开门的——我想象出每晚从帐下钻过的狼狈，不画图怎么说得清？已经荣升姥姥的我妈，戴着老花镜在穿针走线改造购物袋，不看我，口气里有小小的得意："当然说得清呢。姥姥可不是你，比你明白多了。"

就这样，那年新棉花下季的时候，姥姥纺线，织"很稀很稀的棉布"，裁剪、缝纫。总之，暑假结束，我妈再上学的时候，行李里有她小小的自矜：她，也有蚊帐了。

我和姥姥的蚊帐扯上关系，是三十年后的事。那几年，我家三姐妹相继考上大学，三度约车治装，是笔不小的开销，到了我，一切因陋就简，能省就省。搪瓷脸盆是掉漆的，枕巾其实是毛巾，还有这一床蚊帐，我妈给我的时候千叮万咛："这是我上大学时候，姥姥给我做的，你爱惜点儿。"

我接受它，像五四文青娶指腹为婚的童养媳，打心眼儿里就不想要。它小，和单人铁架床严丝合缝着，本来就狭小的床铺，这么密不透风一笼，我恰如被抢亲的祥林嫂，五花大绑在花轿里，轿门一开，人就倒出来；它孔眼大，疏疏落落像蒸馒头用的笼屉布，充满了"只防大蚊不防细虻"的君子作风；最重要的是，它太旧了，土布已经灰得发黑。有生命的事物都会面临死亡，雪白的棉桃此刻骸骨生虫。它在我头顶上，穹庐似天、阴阴欲雨。全寝室女生的蚊帐都其白如雪，只有我的，毫不客气地一抹黑。

有一次，一个外班女生来寝室逛，我听见她向人打探："那是谁的床？看着好脏。"

脏？我很愤怒，却没法向人解释：它不是脏，它只是积了太多水洗不净的历史尘埃，是故纸堆、旧窖藏、米烂陈仓的色调。

它很快就拉了大口子，大概是被我一屁股坐上去了，布质已朽，经不住我的吨位。我带回家给我妈过目：确实不堪用了。全无心肝地弃之。

直到现在，我才意识到，我抛掉了，这世上最后一件沾有姥姥手泽的事物。

大学是不是非得有一架蚊帐？我妈当年的行为算不算虚荣心作祟？我猜我姥姥没想那些，她的想法很简单：我们买不起蚊帐，自己做，这不丢人。人家有，我妮（女儿）也可以有。输人不能输阵，在她能掌控的世界里，姥姥尽她所能，竭她所有。她的爱与尊严，全在这一针一线里。

我妈，从学生到人妇、人母，从武汉到东北再到武汉，走过多少城市又换过多少住所，八千里路，云来月往，她一直带着这土布蚊帐。到最后给了我，是希望它发挥最后一次余热吧。它做到了。物若有灵，也算死得其所。

而我，长到很大，才知道我家其实一直很穷：两边老人，三个孩子，无数沾亲带故的农村亲戚。但我从不曾感受过穷——如果穷就是破烂，就是一无所有。该有的家具我家全有，是我爸做的。该有的四季衣物我也全有，是我妈做的，姐姐们穿剩了给我，不断短了又加长，我妈硬有本事把它处理成华美的绲边，像复古，像中古。我的大学同学记得我背过的牛仔书包，时髦得紧，也是我妈的手工。她为我们打理一切，正如她的母亲之为她。我物质上明明是贫瘠的，我却从来不曾感觉到寒酸卑微。贫穷不是耻辱，但活得不体面是。展示匮乏，如同展示结痂的创口，非我家风。

现在我也做了母亲，不会任何针线活，我妈安慰我："你会写文章。"我唯一的骄傲是：我与我的母亲、我的外婆一样，都是非常勤勉的女子，愿意勤扒苦做，只为了让这人生更丰盛富饶。

是的，姥姥的蚊帐，我的文章，都是我们能给子孙的，含笑而略略酸楚的爱。

精彩赏析

　　这篇散文通过写一顶历经风雨的手工蚊帐，表达了作者对家庭、母亲、传统手工艺的尊重和珍视。作者通过对蚊帐制作的细致描写，把母爱融入其中。从写作技巧上看，作者运用了比喻、对比等修辞手法以及细腻的描写，使散文具有极强的感染力和启示性。从意境上看，作者通过对点滴细节的展现，营造出一种温馨、亲切、富有情感的氛围，使读者感受到了家庭之间的亲情和传统文化的魅力。

走在每一位母亲的情怀里

● 心灵寄语

> 母爱是无私的,母爱是深沉的。我们不应该忽略母亲的付出,而是应该珍惜她们的存在,多为她们做些事情,让她们感受到我们的爱和关心。

那天是周末,春日的黄昏有新榨橙汁的颜色与气息。老早就说好了要和朋友们去逛夜市,母亲却在下班的时候打来了电话,声音里是小女孩一般的欢欣雀跃:"明天我们单位组织去春游,你下班的时候给我到威风糕饼店买一袋椰蓉面包,我带着中午吃。"

"春游?"我大吃一惊,"啊,你们还春游?"想都不想,我一口回绝,"妈,我跟朋友约好了要出去,我没时间。"

跟母亲讨价还价了半天,她一直说:"只买一袋面包,快得很,不会耽误你……"最后她都有点生气了,我才老大不情愿地答应下来。

一心想着速战速决,刚下班我就飞身前往。但是远远看到了那家糕饼店,我的心便一沉:店里竟是人山人海,排队的长龙一直蜿蜒到了店外,我忍不住暗自叫声苦。

随着长龙缓慢地移动着,我频频看表,又不时踮起脚向前面张望，足足站了快二十分钟才进到店里，我站得头重脚轻，饿得眼冒金星，想起朋友们肯定都在等我，更是急得直跺脚。春天独有的暖柔的风绕满我周身，而在新出炉面包熏人欲醉的芳香里，裹挟的却是我接近一触即发的火气。真不知道母亲是怎么想的，双休日在家里休息休息不好吗？怎么会忽然心血来潮想去春游，身体吃得消吗？还说是单位组织的，一群半老太太们在一起，又有什么可玩的？而且春游，根本就是小孩子的事嘛，妈，都什么年纪了。

前面的人为了位次爆出了激烈的争吵，便有人热心地出来，统计每个人买的数量和品种，给大家排顺序，计算下来我是第三炉的最后一个。多少有点盼头，我松了口气。

就在这时，背后有人轻轻叫一声："小姑娘。"我转过头去，是个不认识的中年妇人，我没好气："干什么？"她的笑容几乎是谦卑的："小姑娘，我们打个商量好吗？你看，我只排在你后面，就得再等一炉。我这是给我儿子买，他明天春游，我待会儿还得赶回去做饭，晚上还得送他去奥校听课。如果你不急的话，我想，嗯……"她的神情里有说不出的请求，"请问你是给谁买？"

我很自然地回答她："给我妈买，她明天也春游。"

不明白，当我做出回答的时候，整个店怎么会突然有了一种奇异的寂静，而所有的眼光一起投向了我。

有人大声地问我："你说你买给谁？"我还不及回答，售货小姐姐已经笑了："嗬！今天卖了好几百袋，你可是第一个买给当妈的。"

我一惊，环顾四周才发现，排在队伍里的，几乎都是女人，从白发苍苍到绮年少妇，每个人的大包小包，都在注解着她们的主妇和母亲身份。

"那你们呢？"

"当然是买给我们小皇帝的。"不知是谁接了口,大家都笑了。

我身后那位妇女连声说:"对不起,我没想到,我真没想到。这家店人这么多,你都肯等,真不简单!我本来都不想来的,是我儿子一定要吃。一年只有一次的事,我也愿意让他吃好玩好。我们小的时候春游,还不是就挂着个吃?"

她脸上忽然浮现出的神往表情,使她整个人都温柔起来,我问:"现在还记得?"

她笑了:"怎么不记得?现在也想去啊,每年都想。哪怕就在草坪上坐一坐晒晒太阳也好,到底是春天。可是总没时间。"她轻轻叹口气,"大概,我也只有等到孩子长大到你这种年纪的时候,才有机会吧。"

原来是这样,并不是母亲心血来潮,只是内心深处一个已经埋藏了几十年的心愿。而我怎么会一直不知道呢,我是母亲的女儿啊!

她手里的塑料袋里,全是饮料、雪饼、果冻……小孩子爱吃的东西。沉甸甸的,坠得身体微微倾斜她也不肯放下来歇一歇,她向我解释:"都是不能碰、不能压的。"她就这样,背负着她的不能碰、不能压的责任,吃力地,坚持地,等待着。

我说:"你太辛苦了。"

她的笑容平静里有着喟叹:"谁叫我是当妈的?熬吧,到孩子懂得给我买东西的时候就好了,"她的眼睛认真地看着我,声音里充满了肯定,"反正,那一天也不远了。"

只因为我的存在,便给了她这么大的信心吗?我却想起了我对母亲的推三阻四,我的心,开始狠狠地疼痛。

这时,新的一炉面包热腾腾地端了出来,芳香像原子弹一样地炸开,我前面那位妇女转过身来:"我们换一下位置,你先买吧。"

我一愣,连忙谦让:"不用了,你等了那么久。"

她已经走到了我的身后，已略显苍老的脸上明显有着生活折磨的痕迹，声调却是天生只有母亲才会有的温煦和决断："但是你妈已经等了二十几年了。"

她前面的一位老太太微笑着让开了，更前面的一位回身看了一眼，也默默地退开去。我看见，她们就这样，安静地，从容地，一个接一个地，在我的面前铺开了一条小径，一直通向柜台。

我站在小径的顶端，目瞪口呆，徘徊不敢向前。

"快点啊。"有人催我，"你妈妈还在家里等你哪。"

我怔忡地对着她们每一个人看了过去，而她们微笑地回看我，目光里有岁月的重量，也有对未来的信心，更多的，是无限的温柔。

我分明地知道，在这一瞬间，她们看到的不是我，而是她们已经长大成人的儿女。是不是所有的母亲都已经习惯了不提辛苦，也不说要求，唯一的、小小的梦想，只是盼望有一天，儿女们会在下班的路上为自己提回一袋面包？

通往柜台的路变得很长很长，我慎重地走在了每一位母亲的情怀里，就好像走过了长长的一生。

精彩赏析

这篇散文以温馨的笔调，讲述了一个女儿因为母亲春游购买面包，而与自己逛夜市计划产生矛盾的故事。通过在糕饼店排队的经历，女儿与身边的母亲们产生了共鸣，感悟到了母爱的伟大和坚韧。散文以深情的文笔，触及了每一个读者内心深处最柔软的地方。

妈妈做的菜

🌸 **心灵寄语**

> 有时候，美味并不在于菜的口感，而在于食物背后的情感和记忆。那些看似普通的餐桌，却是家庭温暖和幸福的象征。所以我们不要轻视那些"难吃"的菜，它们可能是最能触动你内心的美味。

以前在报社的时候，是所谓的白班——但也得晚上八九点才能走。天擦黑，就三五同事搭伙去凑顿晚饭。

有位单身京漂同事，难得母亲去看她，并且小住半个月，天天在报社嘚瑟得不行。结果天黑了，居然和我们一起去拼餐。我们很奇怪："你不回家去吃妈妈做的饭？"

她连连摇头，一脸一言难尽："别提了，我妈做的饭真是够难吃，我不和你们去调剂一次半次，撑不下去了。"我们全体大笑，个个心有戚戚。我们这一代，大部分出身中国第一代双职工家庭，母亲善烹饪、精女工的，大概没几个。

文人雅士怀念"妈妈做的菜"，是隔着几万里辛苦路，时间给撒了浓浓的胡椒面，催泪；也是因为他们大抵是中产家庭，有一个擅长调和五味的母亲吧。朱德在《回忆我的母亲》里怀念母亲："全家二十多口人,妇女们轮班煮饭,轮到就煮一年。母亲把饭煮了,还要种田、种菜、喂猪、养蚕、纺棉花。……吃的是豌豆饭、菜饭、红薯饭、杂粮饭,把菜籽榨出的油放在饭里做调料。这类地主和富人家看也不看的饭食,母亲却能做得使一家人吃起来有滋味。"再有滋味,只怕也无法认为是美味,没什么舌尖上萦萦的追忆。而写了《饮膳札记》的林文月,想必她的儿女回忆起母亲的十九道佳肴,也就是味蕾的《古诗十九首》吧。

我妈是农家女出身,初中起就开始住校,每学期初扛着一麻袋红薯去交伙食费。一路吃食堂吃到大学毕业,三日入厨,向隔壁左右的老太太们学会点火煮羹汤。正是艰难时世,六口之家六个空空如也的胃袋,把它们填满就是大问题。吃饱了,才有资格脍不厌细。朱天文写父母的爱情故事,说父亲取笑母亲:"内人做的菜要用猪槽来装。"一是说量大,二是说味次。我妈做的菜,也不分轩轾。

直到她退休,在我们姐妹还没养育第三代之前,她有过几年云流水在的闲工夫。我们早已搬到武汉,楚地多少风流,她也学做了一些糍粑鱼、粉蒸肉。好日子没两年,"健康饮食"的理念便大行其道,从此饭桌厉行极简主义:盐淡油清,白水煮是常事,恨不得学《怨女》里的银娣:"省油,用一支毛笔蘸着油在锅里划几道。"味精是禁品,唯有醋大量挥洒,跟不要钱似的(据某养生书说:醋是碱性食物,对人体有益。醋为啥是碱性的?这逻辑太神奇,我至今不解。)从此我家厨房的味道,便比较像中世纪炼金士的实验室,酸得怪异,实在不勾引食欲。

我客居京城,偶尔回家,在餐桌上居然尝到美味,总是很诧异。我妈就哼一声:"昨天/前天,从餐馆打包回来的。"顺带批评一下中国的餐饮业:有什么好,油也大,盐也大,都是味精调出来的味道。我举箸心茫然,为又一次暴露了粗鲁的饮食观而惭愧不已。

但，怎么说呢？她弄的菜真的不怎么好吃，但我记得是另一些：她在深秋侵骨寒的霖雨里，搭公交车去很远的地方为我买豆丝，因为"都说那家最正宗"。我在红菜薹刚刚上市的十一月匆匆回家一趟，她给我炒了菜薹，自己一口不吃："我吃的机会多呢。"其实也不多，这虽然是青菜，现在贵得令人咋舌，她平时不怎么舍得吃。

而我怀念，每个冬天，几乎每晚，我们必吃的火锅：牛肉汤、鱼头汤、羊肉汤，搁很多蘑菇、千张、菠菜，我最喜欢吃鱼圆子，每餐必备。一边吃，一边嫌她调的味总是淡得离谱，多多加盐，加火锅底料，她也默许了。饱得再也吃不下去，她还要叫我："你给捞了，别剩下。"盛在勺里诱惑我，无论我怎么说减肥都不行。

白气蒸腾，汤香扑鼻，围炉而坐……这就是一个家。这世上，再没有第二个人，这么了解我的口味，无论这口味如何与她的理念背道而驰，她总愿意，一边嘀咕着，一边为我弄出来。

妈妈做的菜，其实很难吃，却是我一生，不会再遇到的美味。

精彩赏析

这篇散文通过讲述母亲做菜味道差的故事，展现了家庭和亲情的重要性。作者通过母亲在厨房里的辛勤劳动和对家庭的热爱，表现了对母亲的感恩和怀念之情。文章从多个角度切入，包括历史、文学、亲情等，为读者呈现了一个生动而多面的故事。整篇文章流畅自然，情感真挚，读完让人不禁感慨人生苦短，亲情至上。

唤

🌸 心灵寄语

> 在生命的道路中,我们会遇到许多挑战和困难,但是只要我们心中有一份坚定的信念,就能够战胜一切。在人生的起伏中,我们要学会珍惜身边的人,并把握每一个可以表达爱的机会。

她七八岁的时候,父亲常带她去大学的露天电影院看电影。开演前几分钟,她忽然跑去买冰棒。买好了一回头,所有的灯都灭了,黑黢黢的操场上,无数黑压压的人头和背。试着向记忆里的方向走几步,全没有相关线索。一急,她带着哭腔大喊:"爸,爸爸……"顿时无数此起彼落的应答和笑声,十七八岁的大学生们在占她便宜。她都快放声大哭了,父亲从人群里挤出来,微蹲身把她一牵。

有段时间,她不大肯喊父亲。岁月承平,没有革命也没有战争,青春的天然别扭全投到身边至爱的人身上。跟家里人说话,老有种气鼓鼓的味道,动不动还呛他们一两句。一次为什么事,迫不得已要去父亲办公室找他。脚步踩在木地板上,激起巨大回声,她噤声不敢动。有人过来问她找谁,她一时混乱不堪,"我……"是该说"我爸",还是父亲的名字?就噎住了。

有父亲同事过来,她该喊叔叔,却死撑着只当不曾看见。那人道:"胡老师在的呀,你喊一声。"喊?像小孩一样大叫"爸爸"?在这安静窒人而端肃的成人世界?太羞人了。

忘了是什么事这么着急,不能再等下去,她只得小声小气叫一声:"爸……"声音像飞不起来的鸟,到半途就折翼跌落。连隔壁办公室的人也没回过头来。

脚步却匆匆响起,父亲从上一层楼急急跑下来。

时光是冷酷的跷跷板。她一天一天走向生命之巅,也就是父母缓慢地退场。她一直天真、糊涂、不大谙世事,父亲总说她长不大,说她到八十岁,还会是父母眼里的小孩。她却没想到,自己没那福分。

一昼夜的仓促,已足够决定生死了。

早上七点,刚吃完早餐的父亲突然呕吐;八点,他独自到医院打针;上午十点,她去医院看父亲,一眼看见殷红的血,正一滴一滴输入父亲血管;中午,父亲转入危重病房;下午,她和姐妹们,把隐瞒已久的父亲病情向母亲和盘托出;傍晚,身为医生的二姐,听完主治医生的最后陈述,极力克制、尽量冷静地说:"是,我们选择不手术。是,我来签字。"——早在三个月前,她已经知道手术的徒劳。

而仍然一无所知的父亲,还在病房里,打问她北京的新居,絮絮叮嘱细节。父亲周身插满管子,每一根里面都是一个生的希望。他只觉不耐,说这针怎么总也打不完,屡屡想要调快点甚至拔下来。她连忙安抚父亲:"房子装修好了,你和妈去住一段时间吧。"父亲想一想:"等明年春天吧。"

夜深了,父亲渐渐睡过去。她宁愿相信这是睡,而不是时断时续的昏迷。第二天早晨七点，父亲恍惚地醒一下，嘟哝几句，口齿已经很不清了，却都听得懂，是让在他身边守了彻夜的女儿们去休息。

八点，医生过来，喊父亲"胡老师"，父亲眼皮动一动，是残存的一点意识；八点半，再喊他"胡老师"，没反应；喊名字，也没有。

她倾身上前，轻轻叫一声："爸，爸，你听见了吗？"

父亲的头，微微向她的方向动一下，嘴里含混地"唔"一声。

这是父亲给世界留下的最后声音。而血压计上的指数，一格一格跌落……八点五十三分，医生关掉了所有仪器。

痛与恨紧密相连。自此看到每一位桑榆暮年的老者，她都看着不顺眼，为什么人人都比父亲多了时光，却又一次次，把自己的座位让给他们。

深冬时节，她上班。看见门外有灰灰的微光——终一生，她都是孤儿了，天气与心态一般悲凉。出门才看清是落雪，已经来不及，踩到雪后成冰的台阶上，一跤滑倒，"哎呀"一声。分明是叫天天不应，她却听见耳侧有低微的一声"嗯"，跟父亲临终前的那一声完全一样。

她跪在冰冷污脏的雪地里，泪如雨下。

这就是父亲为她留下的全部了。这一生，风来雨住，俯里仰里，她都知道，父亲会在遥远的地方，回应她。她只做了父亲三十年的女儿，而父亲的疼爱和宠眷，却会长长久久地伴着她。

精彩赏析

　　这篇散文笔法细腻、用字简练且富有表现力。通过一系列的场景描写和细节刻画，成功地表达了作者对父亲的深深怀念。整篇散文充满了情感的渲染和感染力，使人不禁产生共鸣。从意境方面来看，整篇散文叙述的是一段关于亲情的故事。作者通过描写自己与父亲之间的点点滴滴，让读者更加深入地了解了一对父女之间的情感纽带。同时，也让人们更加珍惜身边的亲人，感受到亲情的珍贵和美好。

雨一直下……

❀ 心灵寄语

> 生命可贵，来之不易。在我们生命的每一个瞬间，都应该珍惜眼前所拥有的一切，并以感恩的心态对待周围的人和事。

你可了解南国六月的雨？

疾风，豪雨粗如绳，雷声一声远一声近。小巷深处，一根高压电线被吹断，耷拉在人家铁门上，阴险地沉默着。

这家人下了班，妻子替六岁的小女儿撑着伞，丈夫淋着雨上前开铁门，萤绿火花一烁，他一声惨叫，向后猛挣，却弹回去，整个人被吸在铁门上，电流攫住他，如蛛丝紧缠住落网的蝇，大雨哗哗落下来。

妻子惊呼一声，伞一扔冲上去——

丈夫全身都被贴紧在铁门上，唯一空出来的左手，轻轻摇一下，挣扎着，再摆一下。是制止。

她还不明白发生了什么，他却知道这是电，这是游走的死亡。他不要妻子碰到自己，不能让她再搭上一条命。

雨好大，已经下了一个月，天地俱湿，仓促间，找不到一寸干土，一根干的竹篙。巷深，几无行人经过，他的妻子，紧紧抱住想跑上前的女儿，狂呼乱喊着，眼睁睁，看着他死去，以电的速度。

男人痉挛、抽搐、扭曲，脸色惨白，口不能言，有焦煳味道传出——然而他的左手，微弱地再挥一下。他不动了。雨声震耳欲聋，什么都听不到了……

六分钟后，终于有人断开电闸，他的上身已经烧黑。雨地里还有他的自行车，车篓里一把新买的大白菜秧子……

这是怎样的死法？如地狱变的烈火。他不能说一句话，只能一分一秒地知觉自己惨酷的死亡。多么痛苦绝望的清醒，他以一个无力的手势，拒绝了生的幻象，他不能自救，却救了自己的妻与女。

本地报纸有一小块新闻，说到：他享年，三十三岁。

雨一直下，谁会懂得，这南国六月，深沉的雨……

精彩赏析

这篇散文给人一种深深的沉重感，让人难以释怀。作者将南国六月的雨和一个悲惨的意外联系在一起，用细腻的笔触描绘出了一个家庭的不幸和一个人的悲惨命运。作者通过描写男人最后的手势，展现了他的坚强和自我牺牲，也让人感受到生命的脆弱和无常。整篇散文情感真挚、意境深远，给人留下深刻的印象。

北风乍起时

🌸 **心灵寄语**

> 当我们感到迷茫、孤单、累倦时,不妨回头看看,我们的身后,那根爱的长线始终牵挂着我们,那双手始终在为我们祈祷。

看完电视以后,一整晚他都睡不好,第二天一上班就匆匆往深圳打电话,直到九点,那端才响起儿子的声音:"爸,什么事?"

他连忙问:"昨晚的天气预报看了没有?冷空气南下了,厚衣服准备好了吗?要不然,叫你妈给你寄……"

儿子漫不经心:"不要紧的,还很暖和呢,到真冷了再说。"

他絮絮不休,儿子不耐烦了:"知道了,知道了,马上就买。啰唆。"撂了电话。

他刚准备再拨过去,铃声突响,是他住在哈尔滨的老父亲,声音颤巍巍的:"天气预报说,武汉今天要变天,你加衣服了没有?"

疾风阵阵,从他忘了关好的窗缝里乘虚而入,他还不及答话,已经结结实实打了个大喷嚏。

老父亲急了:"已经感冒了不是?呀,怎么这么不听说,从小就不爱加衣服……"絮絮叨叨,从他七岁时的劣迹一直说起,他赶紧截住："爸，你那边天气怎么样？"

老人答："还不是下雪。"

他不由自主地愣住了。

在寒潮乍起的清晨，他牵挂的，是北风尚未抵达的南国，却忘了匀一些，给北风起处的故乡，和已经年过七旬的父亲。

人间最温暖的亲情，为什么，有时竟是这样的残酷？

一代又一代，我们放飞未来，爱是我们手中的长线，时时刻刻，我们记挂着长线那端的冷暖。却还有多少人记得，在我们的身后，也有一根爱的长线，也有一双持着长线的、越来越衰老的手？

传说北风是天空最小的孩子，最后一个被放出来，天空叮嘱他一定要回家。可是贪玩的北风，只顾一路向前，宁肯在大地上流浪，也不稍一回顾，渐渐，他找不到回家的路途。

所以每当北风起时，天空都有那样忧愁的脸容，风里有些低低的鸣咽，我们从来不曾听到。

成年之后的我们，是否都是那不肯回头的北风？

他想，在下一次寒潮来临时，他仍会赶在北风抵达之前，向深圳投去问候和叮嘱，可是他的第一个电话，应该是往哈尔滨去的。

精彩赏析

这篇散文主要讲述的是一个父亲在寒潮初袭时给儿子打电话叮嘱，不承想却接到自己父亲给自己打电话叮嘱而引发的思考。这个故事反映了父子之间的亲情。告诉我们不管你多大，不管你走多远，都不要忘记父母。

妈妈在这里

心灵寄语

当孩子需要母亲的时候,母亲都会出现在她身旁,给她温暖和支持。可见母亲陪伴和关爱是最珍贵的。

她还不到两岁。她在年关将近时分出生,我的整个月子里,窗外都鞭炮连天,街道入夜,仍被烟花照得一如白日——她在小襁褓中呼呼大睡,睡得我甚至胡思乱想,害怕她听力有问题。

但今年,完全不一样。很早就开始零散的鞭炮声,一响起,无论她在拍手跳舞、画画、吃饭,她都全部丢开,连滚带爬,张着双手扑向我:"妈妈抱抱。"全部身体语言就是一个字——怕。

我预料到大年三十的枪林弹雨,完全束手无策。一下午都是鞭炮,她几乎吊在我身上没下来过。晚上八点多快九点时,是小高潮暂停、大高潮稍候的片刻安静,我赶紧打发她洗澡睡觉,希望午夜到来时,她已经睡得屁是屁、鼾是鼾,不被惊扰。

近午夜,鞭炮突然炸响。我还来不及反应,已经听见雷霆贯耳里夹着一个小小的哭叫声。我在北方学会了一个词,"寸",代表极端不巧或者极端巧。总之,很寸,这一刻我正在卫生间,慌不择路提裤奔出,小年已经神奇地爬下床,赤脚站在灯火通明的客厅号啕大哭。我一手把她抱了个满怀。

送她回床，她在我怀里，惊恐万状地拱来拱去，寻找最安全的位置最舒适的姿势。而我，极力回想她在我腹中的样子，把身体弯过来弯过去，想虚拟出一个人工子宫。两母女就这么穷折腾着，鞭炮止息，她渐渐安静下来。

我知道高潮瞬息即至，我于是争分夺秒，冲回卫生间，想完成我的未尽事宜。但我没来得及。又一次，我焦头烂额地冲出来，抱紧小小的她，哄着她："妈妈在这里，妈妈在这里。"一串巨大的鞭炮就在窗外炸响，地动山摇，连玻璃都在颤抖。

门窗紧闭，所有窗帘拉好，室内没开灯却一片通明，房间在鞭炮声中轻轻摇晃，"不动产"三个字是谎言。我抱着她睡，忽然有一个火箭般的呼啸声，从噼噼啪啪里尖锐穿过，她更深地偎向我，呜咽："妈妈抱抱。"我紧紧抱她一下，答："妈妈在这里。"我什么也不能做，我是一个最无用的人，我唯一能做的就是：妈妈在这里。

这应该是一个温馨时刻，值得上贺年卡，成为经典画面，只有我自己知道，我忍得快爆炸了。所有电影小说里的伟大母亲，似乎都不受生理现象困扰，不饮不睡、居无住所、跋涉千里，都可以表现得很优雅，从来没遇到过这问题。我不行，我希望鞭炮声快停下来，我非常用力地祈祷小年赶紧睡着，我甚至幻想，要不要我也试试纸尿裤……但我没有松开抱着她的手。小年渐渐打起瞌睡，又突然警醒，不放心地摸摸我的脸、我的鼻子、我的嘴，自言自语："妈妈在这里。"我低声答她："是的，妈妈在这里。"

半小时，一小时，我不知道到底有多久，她的呼吸声渐渐平和，黑暗和寂静笼罩一切，我轻轻抽出手。终于能踏踏实实坐在马桶上，我几乎要发出一声幸福的呻吟。

而这一生,任何时候,当她说:"妈妈抱抱。"我希望我都能回她:"妈妈在这里。"窘困算什么,我还能保留她多久呢?

精彩赏析

这篇散文描写了母女俩在除夕夜被鞭炮声惊扰的情景。作者生动地描述了女儿的害怕和依赖以及母亲的无奈和焦虑。通过这个情景,作者也表达了对母爱的理解和赞美。整篇文章用词简练、表达深情,情感真挚动人,读来让人备感温馨。

爸爸再也不回来

● 心灵寄语

> 死亡不是真正的逝去,遗忘才是永恒的消亡。
> ——《寻梦环游记》

年初,原本活得没心没肺的朋友家遇巨变,她父亲因病毒性脑炎入院,几番生死不知。她在病房旁的走廊上,在手术室外的等待里,偶尔发几条微博,把不能当众哭喊的绝望、恐惧和期盼一一表达。

我与她是异地,路遥山远,无能为力,我只能尽人事地输送几句无力的"会好的,一定会没事的"废话,给她打气。

一段时日后,她父亲终于从 ICU 转到普通病房,虽然还不认识家人,但医生说:"你爸已经在回来的路上。"

这是多么值得奔走相庆的好消息,我却不能自控地推开椅子起身,从电脑前走开,莫明其妙地去卫生间,一下子把水龙头开到最大。水柱直冲池底,瀑布似的反溅我一身水,我受惊才醒过来。我终于承认,我多么嫉妒她。我多希望那回来的,是我爸。她经历过的,做过的,我曾像她一样全力以赴。但在概率论的世界里,我在 0 的那一方。

2003 年,也是年初,我爸好像一天都不高兴,在屋里走来走去,自言自语。我跟他说话，他像没听见，我去拉他，他不耐烦甩开我。忽然间，他往我床上一倒，就睡去了。

一睡睡到下午六点多，我妈说："不行，人是越睡越迷糊的。"强行把他拉起来。我们俩架着他在客厅里穿梭。他任我们摆布，整个身子软软的，谁更用力就向谁那边倒。谁喊他，他都不理，眼睛半闭，眼皮扒都扒不开。

那年我三十刚过，始终是最受宠的小女儿，我爸曾带笑埋怨我是"长不大"——天知道我当年多讨厌他这样说我，每次一说必然吵架。我像大部分城里孩子，对生老病死毫无概念，什么事儿也没经历过，此刻只吓得手脚冰凉，脑子里模模糊糊转着"脑溢血""心肌梗死"的名词，也不敢想深。

叫了120，送了急诊，脑CT说脑部有轻微阴影，要留院观察。和我想的一样，我因之有奇异的安慰：就算是半身不遂，是瘫痪，是偏瘫，我都应付得来。但身为医生的二姐摇头，坚持让他们检查父亲的肝功指标。我问她，她就摇头，什么也不说，我一直记得她灼灼的眼神、哀伤平静的脸容。很久之后我才会明白，她的职业素养，让她从最开始就不曾抱过希望。

结果在第二天出来了：肝癌晚期。我爸的怪异表现，来源于一个我第一次听说、却永远忘不掉的名词：肝性脑昏迷。

四个月后，我爸过世。

死亡之旅像过山车，安全带一扣上，再也不能摆脱。分分秒秒扑向深渊，除了尖叫，别无可做。最后时分，我守在他身边，我看到医生拔下所有管子，仪器上的数字一一归零；我在太平间的冰棺边痛哭，他的脸惨白；我眼睁睁看着他的骨灰盒从窗口递出来，我们三姐妹轮流抱他上山，送他入土为安。但为什么，我始终觉得他没有死，时刻可能回来。

三日丧期一过，家里不再有宾客。那个格外燥热的夏天，我一个人日日夜夜躺着，谁也不想见，什么话也懒得说，放纵自己沉溺于幻想。

小时候，收音机里播放过一个泰戈尔的短篇小说《摩诃摩耶》：摩诃摩耶是一个年轻女子，却被哥哥嫁给垂死的祭司。结婚第二天就成为寡妇，要在柴禾堆上烧死为夫殉葬。那夜雷电交加，倾盆大雨，她从火葬堆上逃出来，以面纱蒙脸去找等待她的情人："我已经不是原来的我了，只有我的心不变。"情人带她远走他乡，过着幸福的小日子，却不能忍受面纱将她与他隔开。月明之夜，他撩开她的面纱，看到她被火焰吞噬了一半的容颜。摩诃摩耶一言不发地离开，再也不曾回头。

这个故事支撑了我的幻想：也许我爸没死呢。我在幻觉中，看到他神奇地摆脱了火葬炉，想办法搭车（我们有没有在他寿衣里放上钱），机智地应对好奇询问的眼光，趁月黑风高，或者某一个雷雨之夜，他来敲门了。

"谁？"

"是我。"

我会立刻去开门，不管他变成什么样子，哪怕面目全非，哪怕他完全不认识我。只要他回来，都可以，都可以。

疯子大概就是这样练成的，为自己的幻想添砖加瓦，充实细节，最后不仅信以为真，还要抹杀现实社会，以避免对虚幻世界的冲撞。但我没有疯，我坐起来开了电脑，还有专栏稿要交，单位打电话催我去上班，而且，我还有妈。

我从来没跟我妈讲过我的妄念，痛苦沉重如青砖，一旦传递就会变成两个人的负担。我只是，陪着她散步、看电视、扯闲篇，承受着胸口碎大石般的剧痛，任日子一天一天过去。

想念像潮汐，会定期涨落，每次到了一个顶点，我就会提笔书写他——这是不是一种对死者的消费？我又自我安慰：能帮我赚到钱，他会很高兴。而我的每一行字其实都是呼喊：你回来，好不好？他始终没有。我偶尔会梦到他，很偶尔。

痛苦总会习惯，逝者渐渐成为日常生活的一部分。给他扫墓成为逢年过节的固定仪式，在衣柜里发现老式男装，拿起来看看说："唉，是爸当年的。"有一次，我找到了一款他的灰色针织帽，像二战时飞行员戴的那种，眼前立时掠过他戴着这顶帽子溜冰的身形——我爸会溜冰吗？从我自己笨手笨脚的劲儿来看，估计是不会的。我把帽子放到自己的抽屉里，到冬天翻出来试试：我头太大，戴着跟杏鲍菇似的。

我还会经常和我妈聊天，当年是有意避开我爸的话题，现在则是自然地，很少提起他。但是有一天，无意中，我妈说起我爸去世后她开始失眠："两个人在一张床上睡了三十五年呀，突然变成一个人。"到夜里想东想西，想她的姥姥、妈妈以及……丈夫。她长吁一口气说："要是到最后，说发现是误诊多好呀。去注销户口的时候我还想，怎么能注销呢？他要回来怎么办呢？后来又一想，只要人回来，要户口干吗呀。要是人口普查，我们就把他藏起来。"

我……全身剧烈颤抖，不能哭。

终于知道，生离是多大的福分。我希望他只是出走，像欧洲小说里常会有的，轻轻放下书卷就上路的那种父亲，再回来是从南美洲发来的电报；或者像《归来》里的陆焉识，被禁锢、失去自由，再回来，相逢已是不相识——好歹也回来了呀；走到疾病里去也可以，神魂不见了留个躯壳也行，这场与死神的拔河赛里，只要手里还攥个线头，我都可以当自己不曾输；走到淫逸里、走到人所唾骂里……都行。只要他肯回来。

但他，走到了死亡里。死亡，比宇宙黑洞还要遥远，他真的，永远不回头了。

6月21日，是他的祭日，我很想他。

他离开我，已经快二十年了。

精彩赏析

本文展现了生命中最为珍贵的情感：爱和失去。作者用细腻的笔触表现了失去父亲后的真实情感，让读者深刻地感受到她内心的痛苦和挣扎。在表达父亲去世后的悲痛和思念时，作者并没有直接地表述，而是通过幻想、回忆和家庭生活的细节来暗示，这样的表达更加真实而又感人，读者可以从中感受到作者对父亲的深深怀念。此外，文中运用了对比和比喻的修辞手法，不仅增强了文章的感染力，也让文章更加丰富多彩。

忆前尘

● 心灵寄语

有了人海才会知道，相遇不是偶然的事。

是偶然提起的。父亲说，一辈子，再没见过比那一年更大的雪了。那年他十三岁。

日里下，夜里下，大团大团的雪，打在屋顶上"扑通扑通"地响。房子像要塌了。村里绝无行人，连狗都不吠，只是一天一地的雪。雪时大时小，好几次见着雪势渐弱，突然又下得更密更急了，像永远下不完。

这样大的雪，父亲还是每天去镇里上学。镇叫柿子树店，大约两三里路程吧。大雪盈膝，淹了村道，他便提一把木锹，"哗"地用尽全力铲出几锹雪，清出一小块路，走一步，再扬一锹，雪粒飞起来，硬如沙石，打痛了他的脸。他只是心里急着，别迟到了。

小学校门大开，可是教室里没有人，一个也没有。火也没生上。父亲规规矩矩坐在自己的座位上，用冻僵的手掏出课本来，一字一字认真念诵着。

没有钟，天上也没有太阳，不知道几点了，只是肚子饿得咕咕咕。远处有门"吱呀"一声，一位老师从教室门口走过，不经意看见他，愣住。是没教过他的老师,此刻,也没问他的名字,默默转身,端了一碗热腾腾的糊糊给他。父亲大口大口喝着,一条温暖的河流穿过身体,听见老师说:"这几天雪太大,不上课,你回去吧。"

"几天。"是几天?乡下孩子,只愁自己闭塞,怕学校开了课也不知道,仍然天天跑来上学,提一把不离身的木锨。

渐渐,从家到学校,一条路隐约成形,如长城的遗址,连大雪也不能遮蔽。

而那时,父亲尚无从了解一生的隐喻,就好像,要到多年后,他才知道。就在同时,远远的河南,有个十二岁的女孩儿,也在雪地里艰难地跋涉着,上学去——她,是我的母亲。

学校也在镇上,离母亲家五里。

已经记不清那一年的雪势了。她只记得,早上沿村叫同学上学,家家都是大人出来说:"雪太大,今儿不去了。"总是只有她,小小的一个人,在雪地里艰难行进。

统共没来几个同学,都是镇上的、干部的孩子,有些裹在里外三新的花棉袄里,像过年。老师懒得教新课,就叫所有年级的学生一起围炉而坐,念课文。听不见书声,只听见一片跺脚的声音,震天。

念书念得手冷。同桌把手插进她袋中取暖,惊叫:"呀,这是啥呀?这么冷。石头?"

母亲不好意思地笑:"是红薯馍馍,我的中午饭。"触手冰冷,坚如磐石,然而却是她一餐的食粮,要支撑过这样的数九严寒。

十几天大雪天气,我的父亲与母亲,没有落过一天课。

而那一年的毕业典礼上,校长在大会上说:"如果胡效敏(母亲的名字)考不上大学的话,那么,全校、全县、全省,都没有学生考得上了。"

八年后,他们在大学里相遇。

——那大雪之年,是1954年。我如绝大多数人一样,知道它的大讯。是第一次,我知道了,冬天大雪的沉默与凶恶,却无论如何,都不能想象,无法描摹。是谁的怨深似海呢?以无穷无尽的眼泪,要把人间淹没成地狱。

就仿佛我始终不能切身地知道,我的父亲母亲,他们一生所有的悲欢和艰辛日子。

此刻都过去了。午后,沐在空调吹出的凉气里,他们对坐在竹床上,下几盘无输无赢的象棋。最后多半都是母亲搬枰而起,"不来了不来了"。或者父亲,"你赖皮你赖皮"。

谁说夫妻日子越久会越相似?还是那相似其实早已开始,只有桃花才会开在春风里,骆驼才会懂得恋慕甘泉,而一样的鸟,才可以一起飞。

若你这般温柔地握住我的手,是因为我掌中所有茧的记忆,你都能懂。

——相遇,从来不是偶然的事。

精彩赏析

作者通过描述父母在大雪天气中艰难上学的场景,展现了那个时代的人们坚韧不拔、不屈不挠的精神以及他们对于知识的渴求和珍视。接下来,作者描写了父母晚年生活的日常琐事片段,表现了深厚的家庭情感和亲情之间的交织,让读者感受到作者内心深处的柔软和温情。本文运用了一些修辞手法,使文章更加打动人心。

其实真的很想

● 心灵寄语

拥抱亲人，表达内心的感激和爱意。

门重重撞上的一刻，悔意风一样掠过我的心头，然而门是我自己撞上的，我也已经负气冲了出来。

独自走在繁华寂寞的大街上，我渐渐平静下来，却又隐隐生出不安。不知母亲现在在家里怎么样，会不会暗自垂泪？毕竟只是这样小的一件事，而我在气头上却说了那样伤人的话。门重重扣上的声音，又在我耳边震响，几次驻足，想要回家，心底却又有一个声音赌气地在说："偏不回去！"

迎面遇到了一个朋友，他问我："怎么脸色不对？"我不好意思说是跟母亲发生了争执，便搪塞地问他："女朋友呢？"

许久，他说："我们分手了。"

在整个城市的车声人声里，我听见他幽静的声音："我们最后一次吵完架，我站在那儿余怒未息，她，蹲在地上收拾那只摔碎的玻璃小熊。屋子里，一片寂静，只有玻璃片的碰撞声，和另外一种声音，那是她在淌眼泪。我站在她身后，看着她的眼泪一滴滴打在地面上，好像每一滴都打在我心上，我心里越来越痛。我其实真的很想从背后用力地抱住她,吻她柔软的头发,而且告诉她我爱她……"

他的声音渐渐低了下去,终于听不见了。对着他哀痛的脸,我不知该如何安慰。许久许久,他转身离去,人海如潮,将他淹没,他是这大城市中另一个孤寂的人。

不期然地,我想起了另一个朋友。

那位朋友的父亲身居高位,公务繁忙,自然冷落了家庭。作为儿子,他总是在怨怪父亲对他的疏忽,而从不肯去细品父亲的心。

一次,有人请父亲观看日本艺伎团的演出,因为他想看,父亲特意推掉其他宴请,带了他去。所谓艺伎就是每人涂一脸白粉,左挥挥扇子、右舞舞手绢的玩意儿,他很快失去了兴趣。年少任性的他完全没有想过,坐在众人瞩目的第三排领导位置上的父亲,能不能够想走就走,只是吵着:"不看了。"

父亲很失望,然而还是说:"你先走吧。"

他就真走了,跑到剧场的门口,却又忍不住回头再看一眼。他看见父亲正戴着老花镜,专注地观看着演出,一舞终了,父亲认认真真地鼓掌。在寥寥无几人的剧场里,他的掌声显得格外孤单。父亲竟然已经老了,而他从来都不知道。

在日后,他反反复复地对我说,当时,其实他是真的很想再回去,像这世间一切好儿子应该做的那样,坐在父亲身边,陪他一起看完这一场冗长无味的演出……

路人向我投来惊奇的眼光,我才发现,我的眼中已蓄满了泪。在空间的旷野上,要怎样的偶然才能碰到我们所爱的人?而在时光的冰原中,我们与深爱的人的缘分,又能有多久?当离别有如地裂将我们隔在两岸,我们又要向谁去说:"其实真的很想……"

在离我最近的电话亭，我拨通家里的电话，一听到那熟悉的声音，我忽地哽咽起来："妈，对不起，是我不好……"

而我最后一句话是："妈，其实真的很想告诉您……"

精彩赏析

本文通过一个个生动的小故事，展现出人与人之间的情感联系。收拾摔碎的玻璃小熊的女友，带着老花镜观看演出的父亲，这些细节的描写，让读者感受到了情感里的悔和愧。时光不能倒流，自然也没有办法去弥补，因此，我们要珍惜眼前，对亲人表达出我们的感情。文中既有描述，也有对话，还有回忆和后悔，使整篇文章更加立体可感。

预测演练一

1. 阅读《一个鱼头七个味》,回答下列问题。(10分)

(1)请说说题目的含义及作用。(3分)

(2)朋友不喜欢鱼头,为什么还把鱼头夹在碗里?妈妈知道儿子弄错了,为什么不告诉儿子?(3分)

(3)当代作家余秋雨形容过"成熟",请结合课文内容,仿照下面的例子,用一组排比句谈谈你对"长大"的理解。(4分)

例子:

成熟是一种明亮而不刺眼的光辉,一种圆润而不腻耳的音响,一种不再需要对别人察言观色的从容,一种不理会哄闹的微笑,一种洗刷了偏激的淡漠,一种无须声张的厚实,一种能够看得很远却又并不陡峭的高度。

2. 阅读《走在每一位母亲的情怀里》，回答下列问题。（15分）

（1）开始顾客还为了排队次序而爆出激烈的争吵，到后来却一个个为"我"让路。这是为什么？（3分）

_____

_____

_____

（2）第九段中"所有的眼光一起投向了我"，这"眼光"里都包含了些什么？（3分）

_____

_____

_____

（3）文章结尾那句话蕴含了什么深刻的含义？请结合全文简析一下。（4分）

_____

_____

_____

_____

（4）一年一度的"母亲节"到了，请你给母亲发一则生动形象的短信以表达你对母爱的礼赞。（5分）

_____

_____

_____

_____

3. 写作训练。（60分）

母爱，是一部永远都写不完的书。我们幼年的顽皮、成长的艰辛、与生俱来的弱点、异于常人的禀赋等等，都贮存在母亲这本书中。2021年的大年初一上映了一部有关母爱的感人电影《你好，李焕英！》，影片中也有很多台词让人为之动容，比如"打我有记忆起，妈妈就是个中年妇女的样子。所以我总忘记，妈妈曾经也是个花季少女""我未来的女儿，只要她健康快乐就行了"……这部影片是导演贾玲根据自己的亲身经历拍摄的，是致敬世界上的每一位母亲，感谢她们对儿女们无私的爱。

同学们，相信你们内心也会泛起对母爱的涟漪，请以"你好，妈妈！"为题，写一篇记叙文。

要求：①表达真情实感；②文体不限，诗歌除外；③认真书写，力求工整、美观；④文章不得出现真实的校名、姓名；⑤不少于600字。

喝茶的日子

🌸 心灵寄语

> 茶是一种简单的快乐，喝茶时，我们需要做的就是品味其中的微苦与芳香，享受其中的安心与温暖。

喝水的日子，是清纯无知的日子。

喝咖啡的日子，是潇洒随意的日子。

喝酒的日子，是狂放落寞的日子。

而喝茶的日子……

好像是乏善可陈，又好像是一言难尽。

第一口茶，是苦的，在办公室的桌前。办公室里永远是秋天的幽静，看见窗外夏天的阳光，常常会想起学生时代。并没有人来告诉我那只是年少轻狂。我自己知道，几乎是一毫秒，拿到第一个月的工资，我便知道。有时我会想：我所憧憬的成长，就是这样的吗？那时，学会了喝茶，仿佛象征了从清水的年少到甘苦自知的成年。

以后，知道茶是香的。一股沸水冲下，清香绽放如花朵，令人想起茶的身世。想起那些起伏的山岳，漫山如雪的茶花，万里遥遥只为这一片茶林的一脉阳光，千里迢迢只为这一杯水的一把茶叶，而终于可以辗转成为这样一种简单的快乐，成长的本质是否就是这样的？

而茶真正成为我生命中的一部分，是在后来。

不甘心平凡的生活，刻意使自己忙，让自己像一座上紧了弦的钟，计划分秒，力求毫厘不差。每一件待做的事，一旦想起，就像铃声大振，惊得自己跳起来。

此时，一杯茶在手中，感到它的温暖，使我安心。并不以它为意，做事说话写文章，主题自有，茶不过是背景音乐。口中有茶，心中无茶，到一种视若无睹的地步，是意不在喝茶，意在日子。

而今始知，人生本是一杯茶，微苦而略带芳香。有的醇厚，有的清淡，有的千红一窟，有的只是一杯概念上的茶。喝茶的日子，也就是千万个平常日子。

精彩赏析

本文从茶的角度出发，以喝茶的日子为主线串联起作者的思考和情感。作者以简洁的文字，将茶艺与生活相结合，让人感受到茶的温暖和生活的平凡。整篇散文情感真挚，语言优美，给人以启迪和感悟，让人沉浸在安静的茶香之中，感受到一种内心的平和宁静。

猴年马月

● 心灵寄语

> 当我们轻蔑地对待他人的梦想时，我们也在轻蔑自己的可能性。只有当我们认真对待自己的梦想，世界才会认真对待我们。

年轻的心会有怎样的轻狂呢？

许多年前我刚上大学，同学中有一位是少数民族，汉语很不灵光，说起话来经常是："我们跳舞——都去吧。"或者"我和炒粉一起吃同学。"偏偏他还狂热地爱着诗歌，并且说，他要出一本诗集。

我一听，忍俊不禁大笑起来，刻薄地说："就你那汉语水平，出诗集，等猴年马月吧。"

他立刻问我："猴年马月是什么意思？"一脸的迷惑。

有厚道同学好心地为我圆场："生肖啊。春节晚会不总在说，今年是鸡年哪、兔年哪什么的，月份也是可以这样纪的。就是猴年的马月嘛，没什么意思。"

我懒洋洋跟一句："那是一个专门发生不可能事情的月份。"

他一呆，许久忽然若有所悟，神色间豁然开朗。同学一直踢我不准我笑，我越发是忍笑忍得牙关都疼起来。

笑过也就罢了。毕业后，同学四散，我不知道他的去向也不曾打听过，没料到几年前，我突然收到了一个纸包，里面是一本诗集，还有一封信，落款的名字，依稀熟悉。

倾城！谢谢你：

我终于在猴年马月，出版了我的第一本诗集。这么多年来，我一直记得你的鼓励，你说过，这是一个专门发生不可能事情的月份。

知道吗？其实当初说想出诗集的时候，自己心里也觉得没可能，不过安慰一下自己。是你让我明白，就像圣诞节是原谅的日子，猴年马月就是奇迹出现的时日。

而我又有什么理由，不竭尽全力，让不可能变成可能，让奇迹在猴年马月出现呢？

我被震呆在自己的办公桌前。好久，才细细抚过诗集的封面，那是淡淡的云与天，让人想起无忧的少年时光。他的笑，他的样子，都仿佛水印，渐渐固化在时光的纸页上，而他衷心感激的，竟是我的尖刻与冷酷。

我知道我不会将诗集读完，但我却郑重地将它放在书架上最显眼处，让自己每天都会看到，每一次都是一个警示：永远不要嘲笑任何人的梦想。

而真正该说谢谢的，应该是我，因为是他教会了我：猴年马月是真实的存在，这世界上，只有太过轻蔑的心，不够认真的人。

一旦你够当真，世界也会把你当真。

\ 试卷上的作家

精彩赏析

本文通过一个同学的故事,表达了对追求梦想的肯定和鼓励。作者以自己的嘲笑和同学的努力相对比,警示读者"永远不要嘲笑任何人的梦想",在读者心中引起共鸣和思考。散文情感温暖,语言优美,传递了正能量。同时,还点明了人生最重要的一点:当你认真对待一件事情时,世界也会同样认真对待你。

老人与花

● 心灵寄语

> 即使你已不在这个世界，但你留下的东西，依然存在于这个世界，给予他人温暖和力量。

　　路过的人常常会看见他，坐在花前的阳光里，微微有点睁不开眼，脸上淡淡的笑意，还有一抹说不上明显的惆怅。此时人们注意到他的头发已经全白了，像雪。

　　这花真美啊。听到行人的赞美，他的笑容像一个骄傲的父亲。

　　有时，邻家的主妇拗不过小儿的要求，来讨一朵花。他总是笑眯眯地点头，很快地起身，仔细选了最好的一朵，递过去。不过，这种情形是很少的，大家都知道这花是他的宝贝，谁也不肯妄动。

　　花事一年比一年盛，他却一年比一年老。终于有一年，春天到了，他已卧床不能起。他叫老伴把向花的窗子打开，儿女们都说病人不宜受风，他也就不再坚持。老伴安慰他，病好了再说。

　　他再也没有看到过牡丹。

　　追悼会开的时候，是冬天。他的儿子想供几朵牡丹在他灵前，找遍了整个城市，满是象征爱情的玫瑰，只得作罢。他的女儿们用黑纱在他的遗像四周挽了一朵一朵的花，也不知像不像牡丹。

他的住房是为他配置的,他去世后,家属随即迁出。他老伴跟他生前的故友亲朋说,那牡丹,谁要就搬去。没有人去搬。

房里住了新的主人,但是在春天,大朵大朵姹紫嫣红的牡丹仍然竞相开放,每个走过的人仍然会忍不住在花前站一站。这两株牡丹,还会开多少年呢?也没有人知道。

不知道这些看花的人还会不会想起他。

精彩赏析

本文通过牡丹花和老人之间的关系,传递了对生命的珍视和对自然的敬畏之情。尤其是在老人逝世后,通过牡丹花的命运,传达了对生命的无常和不可预知性的思考。多种写作手法的运用,使文章具有深刻的感染力。同时,文章情节紧凑,节奏鲜明,读起来也不过分沉重。

一棵开花的树

🌷 心灵寄语

> 当我们与美遇见时,即使是一刹那,也能让我们找到自己真正错过的东西。

在最初,在一切都没有开始的最初,你只是一棵树,一棵立在路边的树。在冬天,卸尽了繁华,隐身在上千棵与你一般的落叶乔木之间,有着褐色粗糙的形象。

而我,每天无视地从你身旁走过。那时,天青似水,林间一片寂静,恒久是冷冷悠长的冬日。不曾注意是怎样的风来云动,风里云里又是谁在窃窃私语,告诉你预定的时刻已经来到,你所有的枝丫都无言承诺。怀着巨大的秘密,你管自守口如瓶,不肯给我一点暗示,暗示我那些即将到来的,我所不能预期也不能相信的,你最豪奢的美丽。而那时的我不会知道,正有些什么,在你体内暗暗生长,等待着那陈酒出瓮般惊艳的一刻。

所有美丽的时刻注定都只能以刹那来计算。同一个枝上,同一个时刻,不同的枝上,不同的时刻,花的每一个瞬间都在发生。有时仿佛乍停的蝶,有时有如初现的笑,有时又好似最完美的爱情,无尽的,洁白的花,不断地绽放,是风中瞬息万变的海水,不会为我做丝毫的停留。而注定要有一个最美丽的时刻，所有的花朵均已满圆，而花凋还仅仅是呼之欲出，阳光铺开金色的舞毯，风在一旁从容伴奏，所有盛开的白色花朵都携起手，跳起同样的舞步，那一树洁白的花朵啊，仿佛一千朵云正在聚会。

在这一刻才与你相遇的我，看见你令人屏息的美，了悟你一直久蕴的最深的情怀，我才明白什么是真正的错过。

因为我永远也不能回到那开始的时分，抬头看见你起初的容颜，在你蛹的状态里识别出你，明白你将会有怎样的未来。我也永远不能在你成长变迁的日子里，在你身边驻足，将你的改变一一记取，陪你共同守着这一段岁月。你生命中所有的悲欢离合，种种不被言传的事迹，我已经永远不能再遭遇。

那些错过的日子，像砂粒一般抹去。发生过的一切，没有人可以挽回。而今日我方与你相遇，那么我又如何能明了，你此际，惊心动魄的美？

香气是花的言语，你的枝头有一千朵沉默的花，一千朵沉默的花同时在你枝头绽放，同时对我说出，我真正的错过。

精彩赏析

写一棵树从冬季到春季的成长变化，以及作者从忽略到惊奇的感悟过程。借助树的形象，表达了人们在生活中错过美好时光的遗憾和无法挽回的无奈。拟人手法的运用，如"你只是一棵树，一棵立在路边的树""你管自守口如瓶"等增强了文章的表现力和感染力。此外，本文还注重了节奏和韵律，如"所有美丽的时刻注定都只能以刹那来计算""一千朵沉默的花，一千朵沉默的花同时在你枝头绽放"。

音乐在我掌上

● 心灵寄语

> 生命是脆弱的,但人的力量是无穷的,不要轻易放弃,"生活没有不可能"。

认识谢蕾,是在一个寒冷的冬夜。

那个晚上,我正在急诊室值班,门外忽然响起杂沓的人声,一群人拥进来,一个中年男子紧紧地抱着一个长发白衣的女孩,直扑了过来:"医生,快,救救我女儿。"

病人被迅速放到诊治台上,全身瘫软,正处于深度昏迷状态,情况非常紧急。由她的症状,我初步判断是脑血管意外,一边叫家属办住院手续,一边立刻给她上氧。

我从医十年,见过的病人不计其数,然而当我拂开她脸上的乱发,准备插吸管的时候,我的心不由得震颤了一下。黑发下她的脸没有一点岁月的痕迹,分明还是蓓蕾初绽的季节,虽然斑斑点点全是呕吐的秽物,却仍有洁白细腻的皮肤和清丽的五官。她静静地躺在那儿,仿佛只是睡着了,我看一眼家属填好了的住院卡:谢蕾,女,十七岁。

在进行了脱水、止血之后,病人被送入病房。她母亲紧抓着我不放:"医生,我的女儿到底怎么了?她不会死吧?"

她母亲声泪俱下。谢蕾是他们的独生女,从小就聪明清秀,品学兼优,三岁那年开始学钢琴,到现在,钢琴弹得行云流水。今晚,是她在幼儿园任园长的姑姑来找她,邀请她为园里的"六一"晚会伴奏,谢蕾高兴地答应了,马上开始挑选合适的曲目。夜已深,家人都睡了,朦胧间还传来她在钢琴上弹出的短暂和弦。突然,听见她惨叫一声:"妈,我头好痛。"家人冲进客厅,只见她双手用力捧住头用力撕扯,五官痛得变了形,只叫了两声"妈",就一头栽到地上。她母亲哭成了泪人:"救救她。"

三天的生死不明后,谢蕾终于悠悠醒转,一直在她床前不眠不休的母亲,扑到她眼前:"小蕾,小蕾,你怎么样?"谢蕾的眼睛慢慢地转向她,很久,眼中渐渐放出黯淡的光,嘴唇微微蠕动,作出"妈"的口型,却发不出一点儿声音。她母亲的眼泪"唰唰"地掉了下来,我也不觉松了口气。

谢蕾生命固是无忧,却留下了类似中风的后遗症,包括智力障碍,部分失忆,左边手足的运动功能也明显受损。脑出血的病人苏醒以后,往往无法承接这样的命运,变得烦躁狂暴,用种种方法来发泄心中的悲伤和愤怒。而谢蕾却不同,有时见她双手撑头,神色痛楚,却咬紧牙关,不让自己叫出声;为了手足的残疾,她在夜深人静后辗转哭泣,而当父母在她面前叹气,她反而安慰他们:"医生说过,只要加强锻炼,会好的。"她很爱笑,笑起来眼睛弯弯,非常甜美。医院里上上下下都很喜欢她。

为了刺激她意识的恢复,我经常提问她一些简单的问题:"4加7等于几?"见她紧锁眉头,表情十分吃力,我不忍,说:"算了。"她却努力地想了又想,终于艰难地说出答案。见我点头,她笑容有如花朵初绽。

她是右侧脑动脉畸形引起的蛛网膜下腔出血，为了永绝后患，医院决定对她进行脑动脉结扎手术。手术的前夜，我最后一次查房，谢蕾怯怯地叫住我，忧心忡忡地问："叶医生，这个手术到底是什么样的？"

　　恐惧的阴影在她脸上重重叠叠，我耐心地向她解释："人的脑血管是对侧分布的，就像是肾或者肺，一边一个。畸形的动脉很容易破裂引出脑出血，很危险，所以就要把它结扎。用左侧动脉来进行脑部供血，这在医学上称之为代偿。就好像一个肾出了问题，就摘掉它，然后用另一个肾来工作道理是一样的。"

　　"那么，以后就不会再生病了？"谢蕾的眼神那样急切。

　　我肯定地答复："是，再也不会有问题了。"我看到她眼中的喜悦与憧憬，像火焰一样熊熊地燃烧起来。她喃喃道："太好了。"

　　为了消除她的紧张情绪，我同她聊天："病好了，你想做什么？"

　　她的笑容有点羞怯："我想考音乐学院，我想当钢琴家。"她开始细细地说起克拉拉·舒曼，说起鲁宾斯坦，说起李斯特。幽暗的灯光照在她脸上，而她的脸容却绽放出光华，就好像她整个人飞升起来，飞到了最美丽的梦境。

　　第二天上午九点，谢蕾被推进了手术室，然而不到十点，她又被推了出来。我觉得奇怪，追上去问主刀的医生，他的眼睛一暗。

　　手术前夕，血管造影显示，她右侧动脉的确是畸形的，但是她的左侧……医生们仔细地看了又看，竟然根本就没有动脉！她天生就只有唯一的，畸形的右侧动脉。

　　我想起她昏迷中仍有的安详美丽的脸容，惊撼与悲悯狂潮一样涌现：她是那样年轻，笑容像一朵朱槿花开在朝阳的悸动里，却来不及盛放就要凋零。而竟是天生的，是与生俱来的诅咒，上天怎么可以残忍至此？

她的父母默默地站在床边，谢蕾呆呆地坐着，仿佛不知道到底发生了什么？看到我，她抬起头，声音暗淡："叶医生，你可不可以让我知道，不做手术，我还能活多久？"

我怎么能够告诉她：脑动脉畸形引起脑出血的复发率是25%！而一旦复发便足以致命。她的眼睛，让我真的不能面对，我艰难地斟酌词句："怎么说呢？脑动脉畸形……就像有一颗炸弹在你脑子里，也许一辈子都不会炸，也许炸了还能够救回来，像这次这样……"

谢蕾非常快地接口："但是也可能，此时此刻，它就会炸掉，我倒下去，再也不会起来。"我看见一大滴泪珠坠了下来，接着，又是一滴。隔了很久，她轻声地说："也就是说，我的生命，在死神掌上。"

她的母亲终于忍不住啜泣起来。忽然，从隔壁的病房里传来了女人尖锐的哭叫声，谢蕾受惊地弹起来。一位护士匆匆地跑过去喝止了那人，回来以后，谢蕾问："她为什么哭？"

护士迟疑着，吞吞吐吐地开了口："她的儿子，十二岁，跟你一样的毛病，他的身体条件……他可以动手术……但是，她家里筹不齐医药费……"

谢蕾沉默了很久，然后转向她的母亲："妈，把我们的医药费给她吧。我们，出院吧。"

病房里一时间鸦雀无声，她母亲完全愣住，半晌再也不能自控，号啕大哭。护士突然双手掩面，冲出了病房，一路上听见她断续的呜咽，而我，也在刹那间闭一闭眼睛。

而谢蕾只是为母亲拭泪，静静地说："妈，我们回家吧。"

四月初的晴好日子，谢蕾出了院。她的左脚走起路仍有严重的跛行，却用坚决的手势拒绝了所有人，包括她父母的搀扶。我们只好担心地站在楼梯口，看着她，一个人，用力地撑着栏杆，全身的力气都放在腿上，一跛一跛，踉跄地，艰难地，然而是坚定地，走下了楼梯。

她春天一样美丽的背影啊。

谢蕾出院后，跟医院就不再有关系，我却挂牵着她的命运，打电话到谢家，她母亲在电话那端就哭出了声："叶医生，你能不能来一趟？"

原来，当谢蕾想重新回到学校的时候，在日常生活中不易被察觉的智障，非常明显地表露出来。听课变得很吃力，记忆力也很差，而且学习时间稍长就会立即头痛不止，让她难以忍耐。最后学院和她的父母都不得不承认，她已经不能胜任现在的学业了。

休学后的谢蕾变得郁郁寡欢。为了让她散心，父母特地带她去听音乐会，听到一段快乐的童谣，她忽然叫了起来："哎呀，我答应过姑姑，要给她们幼儿园的'六一'晚会伴奏的。"

但是当她坐在钢琴前的时候，她惊惧地发现，自己已经不能弹钢琴了。无论怎么努力，她的左手再也无法在琴键上飞舞如蝶，而只能笨拙地、缓慢地移动一两下。她试了又试，最后终于精疲力尽，双手握拳在琴键上用力砸了下去，失声痛哭。从那么小那么小的时候就开始学琴，对她而言，弹钢琴几乎就是一桩与生俱来的事，是她生命中最底蕴的美丽，会伴随她的终生。却再也不能够了，到今天，她才知道命运到底剥夺了她多少，她哭了又哭，接着就把自己锁在小屋里，闭门不出。

我敲了很久，她才开了门，我轻轻叫一声她的名字，泪水慢慢模糊了她的眼睛，她呜咽着说："叶医生，我等于只有一只手了。"

我的声音冷淡而肯定："可是你还有一只手。"

她怔住。我接着说："你仅仅只是左手不便，就这样自暴自弃，那生来没有左手的人呢？如果你真的那么爱弹琴，就不会这么轻易放弃。你为什么不试试用一只手?"

她蓦地如遭雷击,愣住了。我轻轻拉她起来,她机械地随我站起身,我把她带到钢琴前,掀开琴盖,把她的手搁在琴键上,声音放得很柔:"试一试,你起码可以试一试。"她的手缓慢地移动,1234567,忽然成串的泪水打在琴键上。她抬起头,大声地说:"我懂了,左手不行,就用右手补上来;身体不行,就用意志补上来。生活没有不可能。"她用力地按响了琴键。

以后我去谢家两次,都看见谢蕾坐在钢琴前,全神贯注地练琴。她试着用一只手在琴面上飞快地来回,而另一只手就尽力地参与进来,乐句稍稍复杂,就跟不上了,手一滑,砸出大串的噪音。她停下来休息一会儿,然后再接再厉。

我叫她不必这样赶,她只是微笑摇头:"音乐给了我生存的意义。是,我的生命,是在死神掌上,可是音乐,在我的掌上。"她的眼睛那样亮,照彻了我。

不久,我去上海参加了神经内科的医生年会。回来,已是五月底,信箱里静静躺着一张请帖,是一家幼儿园请我去参加"六一"晚会。我正百思不得其解,突然,我想起来了:谢蕾。

当大幕揭开的时候,我看见谢蕾,身着一袭雪白的长裙,从台侧走向钢琴,在蓬蓬的裙摆下,仍然可以看得出她有轻微的跛行,然而她走得那样从容,没有一丝自卑和在意。

她在琴凳上坐下,随之,一串活泼的音符从她手底流了出来,她弹得是那么轻松自如,我几乎忘记了她的伤损,然而在一首复杂的音乐开始前,谢蕾站起身,换上了另一位琴手,我才猛然意识到,她远远不曾康复。整晚,谢蕾弹了八首曲子。全场一直掌声如潮,都是给那些天真可爱的孩子们,没有人注意到在孩子们清脆的歌声和欢快的舞蹈之外,那流畅如江河的钢琴声。

而我用心地听着，仿佛要用自己的整个生命来汲取，不论怎样希望留住这些生命的音符，偶尔仍有短暂的间歇和不合拍，可是我知道，对于谢蕾，这是多么不容易。而也许只有谢蕾自己才知道，此刻的自如，是要多少的辛苦与代价才能换得。

最后，全园的小朋友和老师们一起出来谢幕。全场观众起立鼓掌。

而谢蕾呢？谢蕾在哪里？我焦急地找了很久，才看见她站在队列的最后面，隐身在大幕的阴影里，在光华与荣誉之外，静静伫立。远远地只能看清她纤弱身躯的轮廓，在无数的喝彩和鲜花的背后，她的白衣，显得那样纯净与单薄，仿佛只是一抹影子。

然而我，再也没有见过比那一刻的谢蕾更像天使的女子。

满场排山倒海一般的掌声。所有的掌声，都给别人吧，我的掌声，只留给谢蕾，我疯狂地鼓着掌，渐渐地，闭上了眼睛。

谢蕾在十二天后去世，离她第一次发病只有五个月。医书上说：如果六个月内不复发，以后复发的概率将大大减小，而谢蕾，终究没有熬到六个月。

她母亲在电话里告诉我：那天晚上，谢蕾在练习《少女的祈祷》，零乱破碎，不能成篇，她就重弹了一遍又一遍。母亲几次叫她休息，她都不肯，笑着说："时间宝贵。"母亲心疼她，到厨房给她做夜宵，听见她又重新开始，刚弹了几句……钢琴发出了巨大至极、至不能想象的轰鸣声——最后的、最强烈的绝响，然后便是一片死一样的寂静。那是一个人一生的绝响。谢蕾，就这样倒在了她的钢琴上。

追悼会那天，灰色的雨不断地从天上落下来，我听见殡仪馆里一遍遍地放着《少女的祈祷》。在那个最后的晚上，谢蕾甚至没有来得及将它弹完，让我想起，曾经有一晚，谢蕾向我描述她的梦想，那时她眼中的火花。谢蕾短暂的一生，多么像这支刚刚开始就骤然停顿的乐曲,永远不能弹到终篇,然而却会一生一世,在每一个记得她的人的心中余音袅袅。

每一次想起谢蕾,就会想起生命的脆弱和不能把握,也更深地感受到人的力量,可以如何承接所有的打击,凭借着人的意志和尊严,活出生命的美丽。

在悠扬的音乐里,我仿佛听见了谢蕾轻快的声音:"我在死神掌上,可是音乐,在我掌上。"那是谢蕾在天堂里正对我们说话吧。

精彩赏析

本文借由描述谢蕾的经历,展现了生命的坚韧和力量。面对随时可能死去的谢蕾,"我"给予她关爱和支持。在谢蕾绝望的时刻,鼓励她直面自己的病情,重新理解自己的处境,不要丧失勇气,坚强面对。本文通过生动的故事,呈现出一种积极向上的人生态度,让读者感受到了生命的力量和美丽。

人家的儿女

● 心灵寄语

> 每一份努力都应该被尊重，一句简单的"谢谢"，说明没有被轻视。

其实已经走过了，和我同办公室的老王又转回去，从派送广告的男孩手上接过花花绿绿的纸张，还认认真真说一句："谢谢。"

偷眼一看，原来是些"难言之隐""济世良方"，我们不觉相视窃笑，老王觉得了，抬一抬头，解释："不是我，是我儿子。"

我们更是笑出声来。他等我们笑过了，才说："我儿子，不是在北京读大学嘛，上次写信回来，说找了个勤工俭学的工作，就是给人家发广告。"

我们都愕了一下。老王笑着说："信上说，可难了。好多人从身边走过去，看都不看一眼，有人勉强接了，立刻就扔，还得捡回来，重新派出去。两百张，要站十几个小时才发得完，才五块钱。"

"后来我给他回信，说，男孩子，无论怎么苦都应该坚持下来，可是我跟他妈……"老王一张脸仍是笑笑的，声音却不知不觉滑落，"几个晚上都睡不好。"

他扬一扬手中的广告："都是人家的儿女啊。"那灰暗的薄透纸悉悉响了起来。

不知为什么,我们都静了下来。

只是这样简单、这样平实的一句话。可是那个把在路上哭泣的儿童送回家的陌生人,在生死来袭时将救生衣让给年轻士兵的将军,甚或那个喜欢给邻家孩子一颗糖,让他的一天都变得十分甜蜜的老伯伯,在他们心底,是不是,都有这样的一句话呢?

前方,又是一个抱着大叠广告纸的少年,而我们一一接下他递过来的希望,并且郑重回他:"谢谢。"

精彩赏析

由一个派发广告的男孩,引出同事老王儿子的一段辛酸经历,引起了读者的共鸣。作者通过描写老王的儿子的故事,表达了对那些为了生计而付出艰辛的人的敬意和同情。本文注重细节,通过描写人物的表情、动作和语言,让内容更加生动。作者还从广告纸的薄透和灰暗中,暗示了生活的艰辛和无奈。整篇文章情感真挚,让人感受到人性中的温暖和善良。

叫妈妈来听电话

● 心灵寄语

> 遥远的距离,也隔断不了亲人间的爱、尊敬、挂念、殷切的希望。

我在等电话,突然过来一个男人,匆匆,一边揩汗,一边劈手抓话筒。瞥眼看见我,手在半空里顿一下,我示意他先打。

显然是打给家里,他用很重的乡音问:"哪个?"背忽然挺直,脚下不知不觉立正,叫一声:"爸爸。"吭吭哧哧一会儿,挤出一句:"您家身体么样?"

再找不出话,在寸金寸光阴的长途电话里沉默半晌,他问:"爸爸,您叫妈妈来听电话吧?"小心翼翼地征求。

连我都替他松一口气。

叫一声"妈",他随即一泻千里,"家里么样?钱够不够用?小弟写信回来没有……"又"啊啊唔唔""好好好""是是是"个不休。许是母亲千叮万嘱,他些微不耐烦:"晓得了晓得了,不消说得,我这大的人了……"——中年男人的撒娇。我把头一偏,偷笑。

又问:"老头子么样?身体好不好?"发起急来,"要去医院哪……米贵不贵还不吃饭了?再贵也要看病呀……妈,你要带爸去看病，钱无所谓，我多赚点就是了，他养儿子白养的？……""妈，你一定要跟爸讲……"——他自己怎么不跟他说呢？

陡然大喝一句："你野到哪里去了？！"神色凌厉，口气几乎是凶神恶煞，"鬼话，我白天打电话你就不在家！期末成绩出来没？"是换了通话对象。

那端——报分，他不自觉地点头，态度和缓下来："还行，莫骄傲啊。要什么东西，爸爸给你带……儿子呀，要这些有什么用？……"恫吓着结束，"听大人话。回头我问你妈你的表现，不好，老子打人的。"——他可不就是他老子。

卜劳恩的《父与子》幽默温情，中国家庭里的父子，却常常让人想起"一山容不得二虎"，只因为都是男人吧，难以有母子的天然融和，到八十岁还可以是妈妈的小心肝。

短短几句话，简单鲁直，看似无情，却句句扣人心弦，包容了：爱、尊敬、挂念、殷切的希望，却都需要一座桥梁来联结——叫妈妈来听电话吧。

因而，隔着最冰冷的脸容、最严酷的态度、最遥远的距离，以声音，拥抱。

精彩赏析

整篇文章语言简洁、流畅，情感真挚，充满温情。作者通过细致的描写，让读者体会到了一个家庭的温馨和感动，也表达了对家庭的珍视。以一个平凡的电话为切入点，让我们明白了亲情的珍贵和父母的深情厚爱。通过对话的方式，将情感展现得淋漓尽致。作者运用象征手法，将"打电话回家"象征为"以声音，拥抱"，表达了家庭成员之间的深情厚爱。

用三十年等你长大

🌸 **心灵寄语**

> 我们的成长过程就像一棵树，需要时间和耐心。

快到游泳馆的时候，小年说："妈妈我肚子疼。"

她五岁半了，这个夏天，我们开始送她学游泳。都说学得越早越不怕水，大概我们还是送晚了。她每天在游泳馆大厅见到同学都欢天喜地，可是老师布置："在水里闷气五秒钟。"她回家一次也不肯做。我找出脸盆给她示范，她惊叹："妈妈还会在水里吹泡泡。"但自己缩在沙发的边缘处，死活不肯过来。

第六节课的早晨，在通向游泳馆的路上，她说："妈妈，我肚子疼。"

我一惊，立刻蹲下去给她揉，问她："是吃胀了吗？想放屁吗？怎么个疼法？"

她摇头："走一步一疼，再走一步还是疼。"

揉了半天："好点了吗？还疼吗？"她摇头："还疼。"这一天安排了游泳课和围棋课，现在我打算全取消："那回家好不好？"疼狠了就得上医院。

她摇头又摇头："不上游泳课，上围棋课。"

我……多少明白了。

还不到八点钟，新升的太阳像个火暴脾气的小姑娘，打一现身就没给过我们好脸子，每线光都热辣辣。我一时委决不下，想：虎妈会怎么做？她的经典语录："作为父母，最不利于保护自尊心的行为，就是你眼看着他们在困难面前放弃努力而不作为。"一把扔进水池再说。

胜过好老师的好妈妈呢？显然是温柔询问、耐心倾听，循循善诱，像驯兽师引雄狮跳火圈那样，一步步把她诱到水池里。

快乐童年妈妈呢？估计大彻大悟，一把抱紧孩子："来，咱们去游乐场。什么也别学了，能有什么比一个快乐的童年更重要。"

我显然，以上三型皆非。我只是妥协了："好吧，去上围棋课吧。"牵着她的手，向最近的公交车站出发。

附近稍稍超出我与她的生活区，这一条路，有一点点儿新鲜的趣致感。小年立刻忘了肚子疼的事，一边东张西望，一边皇帝似的张口即来："妈妈你给我讲个故事吧，"命题作文，"就讲小树苗吧。"

我们已经走到了公交车站，站在一棵中等身材的樟树下，燥热空气里，隐隐含尘的味道让人安心。我说："好，就讲这棵树吧。"

"当年呀，妈妈也是小宝宝的年纪，从其他地方搬家搬到这一带。这条马路才刚刚修好，在两边种下了好多好多棵小树苗。喏，这就是其中的一棵，和当年的妈妈一样高。"我伸手比比小年的头，小年很兴奋："和我这么高吗？"

我肯定地说："是的。"

那时，随着父母工作调动，我离开郁郁葱葱、依山傍水的大学校园，掉进这轰轰烈烈、满目红尘的大城市。这一条路，曾经是我每天上下学的必经，盛夏时节有如旷野，光秃秃地反射着炽烈的白光。小小年纪的我，顶着烈日来来回回，像天谴者被弃置在滚烫的沙漠，像圣女贞德被缚在火刑柱，像受控的女巫被迫穿上滚烫的铜靴，热，从四面八方一起焚烧着我。而所有的树木都是新植的，伶仃如筷，在路面上投下的身影像淡笔的墨痕，完全提供不了一道可能的阴凉。

"那时，这些小树苗都很小，不能遮阳，每天妈妈在这条路上，都好晒哦。"

"后来呢？"

"后来，小树苗长大了。你看，我们都能在树下乘凉了。"我抬头看看，它不够大，可能永远长不成参天大树，但，已经亭亭如盖，并且一棵一棵，连绵成荫。

已经过去了，快三十年。我一直在发胖减肥，成长及堕落。很惭愧，我不是树，不曾保持一直向上的态势。

"要让小树苗长大需要什么呢？"我问。

她说："浇水。"

我说："是的，但最重要的，是时间。"

我想起游泳馆的墙壁上，挂名馆长、前世界游泳冠军写给家长的一番话："大概十四节课左右，孩子就能掌握基本的游泳技巧。但基于体质、年纪和协调性的差异，有些孩子会需要多几节课。请给孩子一些耐心，不要着急，让孩子慢慢发现游泳的乐趣，孩子一定能学会游泳。"

我猜，她明天不会肚子疼了。我还猜，以后，还会经常的、偶尔疼一下。我更猜，不一定针对游泳，而是所有让她畏难、烦躁或者苦恼的课程面前。

没关系，我打定主意不说穿，不催她，即使控制不住情绪。我也没打算放弃。蔡康永说过："十五岁觉得游泳难，放弃游泳，到

\ 试卷上的作家

十八岁遇到一个你喜欢的人约你去游泳,你只好说'我不会耶'。十八岁觉得英文难,放弃英文,二十八岁出现一个很棒但要会英文的工作,你只好说'我不会耶'。人生前期越嫌麻烦,越懒得学,后来就越可能错过让你动心的人和事,错过新风景。"年轻时候一懒散,无非意味着,成年之后,要用十倍的时间精力来补课。

我只准备慢慢的,容她自己决定调整、适应、接受直到爱上。就像那些三十年前的小树苗,它们是不是也绝望过,觉得自己永远长不大,是不是也承受过太多路人的等待、失望及焦灼?

而每一棵树都如此长大,正如,每个人。

最重要的无非是:时间,以及耐心。而我,会用三十年,等你长大。

精彩赏析

作者描写细节非常到位,比如小年的情绪变化、游泳馆的氛围等,让人有种身临其境的感觉。同时,作者也通过小年学游泳的经历,展现出了一个良好的家庭教育模式,即在不过分强迫的前提下,耐心引导孩子攻克难关,让孩子在适当的时候自己发现、接受和爱上某件事物。整篇文章的意境非常沉静,没有丝毫的浮躁,给人一种深刻的思考和感悟。

我只能陪你到这里

心灵寄语

> 每一个母亲都像点燃的蜡烛，在孩子的成长道路上为他们提供指引和支持。无论何时何地，母亲的爱永远是孩子生命中最温暖的阳光，让他们感受到最真挚的情感和最坚定的力量。

从四岁起，小年就在附近的医学院体育馆学羽毛球。

我家通往体育馆的那条路，原先是普通小路，突然推土机开来，推山移海，灰沙满天，人在沙上走，一步一个脚印。南方多雨，就成了沼泽。我打伞，伞离她太高她会淋到，她打伞，我又怕伞针撞到我眼睛，只好给她裹上雨衣，我把伞正正地、低低地覆她头顶上三寸，自己半个身子湿个透。顾了上就顾不了下，一大一小都在泥浆里蹚一裤子泥点。

推土机的消失和它的出现一样突然，眼前多了一条敞亮的六车道大路，人行道上铺了砖，还在零星地挖坑种树植草坪，但这都是小打小闹了。而小年，已经九岁多。

我说："小年，路好了，以后打球妈妈不送了。"

小年很惊骇，嚷嚷道："不行，不行，不行。"

来回扯了几盘锯，最后商定好了，我送她到医学院门口，里面车辆甚少,行人都是大学生哥哥姐姐,安全得很。她下课后,我再去门口接她。

到点了我稍微磨蹭下,等到了楼底下,她已经扛着羽毛球拍、拎着水杯进了院子,看到我很高兴:"妈妈,你不是说在门口等我吗?医学院门口没有,我以为你在小区门口,原来你在楼门口呀。"

一路无恙,下一次,我索性建议她全程独自往返。听着她咚咚咚地下楼,我脑子里的妈妈地图自动启动,为她导航:出大门右拐,直行五十米,等绿灯过马路——呀,万一她闯红灯了,万一她忘了左顾右盼……当然是讲过千百次的,可她要是忘了呢?

匆忙披衣追下楼。一出院子就着急地远看:她刚刚走到路口,正好是绿灯,她就大摇大摆过去了。新路,车辆不多,两边的高楼都隔得很远,她一个小人儿,走得趾高气扬,完全是"千山我独行"的气势。

我往回走,心里想:记着还要叮嘱她,即使路上没有车,是红灯就不能闯;还有,绿灯也不能掉以轻心,要留意拐弯的车……

快下课的时候,我听见窗外刷啦啦的,是樟树新生的绿叶,痛快地淋在春雨里。推开窗,雨声夹着风声,是一声声的提醒。院子里有人没打伞,只是低着头,稍稍加快脚步。

我忍了忍,拗不过自己,抄伞出门。

大路上,迎面来位老先生,打着伞,手里还提着一把伞,突然站住脚向马路对面喊。我循声望去:是位老太太,正拿随身包挡着头,碎步快走。听到喊叫声,老太太抬头也向老先生喊回来。不断有车来来往往,把他俩的喊话切得七零八碎,两人就全靠比手画脚。老先生扬起手里的伞,猛摇,意思是:我来给你送伞。老太太就一直摆手,往前指,往路口指:有护栏,你也过不来。虽然,也许在心里,他与她,都很想惊喜交集地在马路中间抱个满怀。

在体育馆的小年看到我,一脸不以为然:"不是说好我自己回去吗？你怎么来了？"

我竟然气短："下雨了呀，我来给你送伞。"

她三两步走到雨地里，仰脸承接春来细密的雨点，快快活活地喊："我最喜欢这样的雨了，我不要打伞。"

我莞尔：其实，这样的雨我也喜欢。像女孩子的小嗔小喜，遇着了或恼或笑，都是可爱事儿。避着躲着，徒留一身干爽，又图个什么。

她走得雄赳赳气昂昂，我也收了伞，在后面跟着。

经过每个熟悉的路口，经过一蓬蓬盛放的迎春花，经过绿荫芳草的小树林，经过雨里还照旧闪烁的红绿灯……她的小辫子随步伐一甩一甩，我亦步亦趋，乐观地想：羽毛球班，看来是再也不必接送了。下一个她独去的培训班是什么？离家二十分钟的书法班吧。再下一个呢？

总有一天，每一次出发，她自己整理所有行囊，自己决定行程，自己踏上迢迢长路，身边是爱她、喜欢她的同路人。

而我，会微笑止步，对她说："我只能陪你到这里了。"

精彩赏析

这篇散文通过讲述一位母亲陪伴女儿成长的小故事，表现出母爱的伟大和母女间的深情。从文学角度上来看，文章运用了大量的描写手法，如对环境、天气、人物内心感受的描写，以及对场景的生动描绘，让读者可以清晰地想象出情景。同时，文章情感真挚，让人感受到了母女之间的深情厚爱，引起共鸣。整篇文章文笔流畅，情节跌宕起伏，让读者读完后感到非常愉悦和满足。

死亡唇边的微笑

● 心灵寄语

> 生命易逝，如同转瞬即谢的花朵，然而激情和渴望却是永恒的。每朵勇敢绽放的花都是死亡面前的微笑，它们教会我们勇敢地面对生命中的挑战和变幻，就像那个人教会了她一样，教她如何欣赏花的美丽和珍贵。

她一生中见过的绝大多数花都是在病房里，花的开，花的败，人的生，人的死。因为她是医生。

最记得有一次，一场与死神的搏杀终告败局过后，她无意间看到，病人床头柜上的花竟还在大朵大朵地绽放着，仿佛浑不知死亡的存在，黑色的花蕊像一只只冰冷嘲弄的眼睛。

她从此不喜欢花。

然而他第一次见到她，便送给她一盆花，她竟没有拒绝。也许是为了他稚气的、孩子一般的笑容，更可能是因为，所有的人都知道，除非奇迹出现，他是没有机会活着离开医院的。

那次，是他不顾让他多休息的医嘱，与儿科的小病人们打篮球，满身大汗。她责备他，他吐吐舌头，不好意思地笑，然后傍晚，她的桌上多了一盆花，三瓣，紫、黄、红，斑斓交错，像蝴蝶展翅，又像一张顽皮的鬼脸，附一张小条子："医生，你知道你发脾气的样子像什么吗？"她忍俊不禁。第二天就换了一种，是小小圆圆的一朵朵红花，每一朵都是一个仰面的笑："医生，你知道你笑的样子像什么吗？"

他告诉她，昨天那种花，叫三色堇；今天的，是太阳花。阳光把竹叶照得盈绿透明的日子，他带她到附近的小花店走走，她这才惊奇地知道，世上居然有这么多种花：玫瑰深红，康乃馨粉黄，马蹄莲幼弱婉转，郁金香艳异咄咄，栀子香得动人心魂，而七里香便是摄人心魄了。她也惊奇于他谈起花时燃烧的眼睛，仿佛忘了病，也忘了死。

他问："你爱花吗？"

她答："花是无情的，不懂得人的爱。"

他只是微笑，说："花的情，要懂得的人，才会明白。"

一个烈日的正午，她远远看见他在住院部的后园里站呆了，走近喊他一声，他急切回身，食指掩唇："嘘——"

那是一株矮矮的灌木，缀满红色灯笼般的小花，此时每一朵花囊都在爆裂，无数花籽像小小的空袭炸弹向四周飞溅，仿佛一场密集的流星雨。他们默默地站着，同时看见生命最辉煌的历程。

他俯身拾了几颗花籽装在口袋里。第二天，他送给她一个花盆，盆里盛满黑土："这花，叫死不了，很容易种，过几个月就会开花——那时，我已经不在了。"

她突然很想做一件事，她想证明命运并非不可逆转的洪流。

四天后，深夜，铃声大振，她一跃而起，冲向他的身边。

他始终保持奇异的清醒，对周围的每一个人，父母、手足、亲友、所有参与抢救的医生护士，说："谢谢、谢谢、谢谢。"唇边的笑容，像刚刚绽放便遭遇风雪的花朵，渐渐冻凝成化石。她知道，已经没有希望了。

　　她并没有哭,只是每天给那一盆光秃秃的土浇水。然后她参加医疗小分队下乡,打电话回来,同事说:"看那盆土里什么都没有,以为是废物,丢窗外了。"她呆了一下,也没说什么。

　　回来已是几个月后,她打开自己桌前久闭的窗,震住了——

　　花盆里有两瓣瘦瘦的嫩苗,仿佛是营养不良,一口气就吹得走,却青翠得不让户外整片沃野。而最高处,是那么羞涩的含苞,透出一点红的消息,像一盏初初燃起的灯。

　　她忽然深深懂得花的情意。

　　易朽的是生命,是那转瞬即谢的花朵;然而永存的,是对未来的渴望,是那生生世世传递下来的,不朽的,生的激情。每一朵勇敢开放的花,都是一个死亡唇边的微笑。

　　就好像,他所教给她的,那么多,花的名字。

精彩赏析

　　这篇散文写医生和病人的故事,以花为线索贯通全文,描写了医生和病人之间的情感关联,并通过花的生命力展现了对未来的渴望和对生命的热爱。文笔流畅,意境深远,通过细腻的描写和对花的寓意的叙述,让人看到了生命的脆弱和坚强,以及对未来的美好向往。整篇文章情感真挚,感人至深,让人深刻感受到生命的珍贵。

韩爷爷的书

🌸 心灵寄语

> 有些人只是为我们带来短暂的光彩，有些人会陪伴我们度过生命中的一段时光。无论是短暂还是长久，都值得我们用心去感受和珍惜。

我跟同事说过他，当作故事或者段子："我错过了两辈子的缘分。"手轻飘飘一扬，知道我已经吸引了所有听众的八卦之心。

总是先掉一个书袋："《潜夫论》'王者政教无私，则景星见，王者德合山陵，则庆云生'。'景星庆云'的成语就出在这里。我叫'庆云'（本名），我这一生，曾遇到过一个叫'景星'的男人——而他，是我同学的外公。"

那时我才上初一初二吧，暑假，和要好同学一起去她外公家吃住玩，一待就是一两周，看一遍一遍的《西游记》，睡昏沉沉的午觉，睡醒了在狭小的室内，把气球当作沙滩排球打。饭来张口，饭后连碗都没想过要去洗，外公外婆也没想过要我洗。

我叫他们"韩爷爷""韩奶奶"，仿佛没与他们说过什么，也想不起他们的面貌。老人就像家里的老家具，或者一棵种了很多年的金橘，永远枝繁叶茂，家人必定视若无睹。我习惯他们的照顾，

\试卷上的作家

就像习惯陷在沙发里看书,一边看一边随手摘金橘搓搓弄弄,玩腻了就叭唧吃掉。椅子或者盆栽,都是最沉默最可靠的存在。

再回想起来,才懂得感激他们的纵容,外孙女儿和外孙女儿的同学,一班半大猢狲,每天活生生在家里大闹天宫。他们就是无怨无悔的天兵天将,温煦地,笑眯眯地,收拾旧河山。

关于韩爷爷,我只记得两件事。有一次,他对我说:"你知道吗?你的名字与我是一对。"郑重地,念出了那两句话,一笔一画告诉我怎么写,教给我意思。

而我,第一次知道,他的名字叫韩景星。我雾雾地看着他,觉得有趣,也隐约觉得不对劲。长大后,我才明白这不对劲:两三岁的小宝宝,我们也会问他"叫什么名字"。但老人,仿佛天然就叫"爷爷""奶奶""爹爹""婆婆",没名没姓。

另一件事是关于韩爷爷的书。十几岁,我正患"阅读饥饿症",我搜索一切可看的资料:小广告可看吗?法制报可看吗?长假漫漫,何尽无聊,电视看腻,气球打破无数个,零花钱用尽不能再去买冰棒,我看尽家中所有有字的纸片,眼睛落在韩爷爷房里一个总是上着锁的书橱。

忘了是自己开的口,还是撺掇同学,总之,书橱很快打开了,一柜子黄黄的旧书,我满怀兴奋地抽下一本:一字不识,全是字母。再一本,又一本,全柜子都是。我不知所措,傻笑着,终于讪讪地走开了。没想到,那大开的柜门要关上,就像没想到,韩爷爷的失望。依稀听说,退休前,他是大学老师,教外语的。

他一定是失望的,过了一会儿,他追过来,笑里有企盼也有小心翼翼:"你想不想学呢?想学,我可以教你。"

我简直说不清是尴尬还是滑稽:要学的东西多了,数理化英,哪一门不得全神贯注,我还得百忙之中,偷看小说。韩爷爷似乎还说了几句，发现我确实不是可造之才，就算了。

后来父母工作调动，我搬到了很远很远的地方，同学变成了老同学，渐渐断了联系。二十年后的重逢，我问她："韩爷爷身体还好吗？"

同学竟然有少许意外："你还记得我外公？我上大学的时候，他就去世了。"

呀，也就是，我没有机会对他说抱歉，或者谢谢了。我没法告诉他：我也有了一柜子书，我也能借助字典，看几本英文小说——假定当年韩爷爷的书是英文，而不是法文或德文吧。

对于韩爷爷，我知道得很少很少，他有过怎样的一段人生，在他平凡地老去之前，他是否惊才绝艳过。我却记得，他的名字，还有那一个黄昏，他替我——一个貌似很好学的小女孩打开书橱。

他笑眯眯的脸。一架子旧旧的破书。他任我翻翻捡捡，大概私心里是很想我拿几本的吧？薪尽火传，一本书能从一个人的手中传到另一个人的手中，如同钻石恒久远，是多么大的欣慰。

我不知道韩爷爷的书后来哪里去了，多半是当作废纸卖了吧。——年轻时候我很幼稚，总以为可以捐图书馆，后来才知道，普通人的藏书，未必有啥孤本善本，图书馆也不稀罕。没人看的书，其实就是废纸。

遗憾不？我不曾从他的书橱上，拿一本属于他，而终将属于我的书。如果他架上的，是《古文观止》或者《三言二拍》，或者，如果他遇到的，是一个比我更爱学习的女孩。但，我确实不能以三十岁之身，来替二十年前的我，思索、做决定。

在我的初段，和他的暮年，庆云与景星遇见，已经是，三生有幸。我，不能够要求更多。

\试卷上的作家

精彩赏析

  这篇散文的写作手法很巧妙,以庆云和景星的故事为引子,引出了作者对老人的思念。作者通过描述自己与韩爷爷、韩奶奶的相处,以及韩爷爷的名字和藏书,展现出了老人的温暖和包容,以及他们的生活状态。同时,作者也透过自己的回忆,对与老人相处的珍视和重要性进行了肯定和赞扬。整篇文章的意境很好,作者通过对过去与现在的对比,展现出了岁月的无情和变迁,并且也反映了人与人之间的情感关系,展现了人生中一些短暂而美好的相遇,这些相遇虽然短暂,但能够对我们的生活产生深刻的影响。

汤里有盐

● 心灵寄语

> 生命中有些伤痛，终生难以痊愈，但我们要学会习惯和克服它们。日子是不应该糟蹋的，里面有盐。这并不需要意志或坚强，只需要对生命的珍视和尊重。

从发现病到爸最后的去世，不到四个月。那几个月，爸始终不知道自己的病情，他热切地盼望自己快点好起来，积极看病、吃药、做足疗，得闲也帮家里料理一些事。

那时，我家煤气改管道，原来的罐子没用了。正好附近有大学，学生们愿意租煤气罐自己开火做饭，父亲就在周围贴了一些小广告。我忘了租金是多少，一个月两块？至多不超过五块。

两个学生来敲门的时候，正是父亲入土为安后的第二天，不再有吊客盈门，我看着眼前陌生稚气的脸孔，听了好几遍才明白来意："我们不租了。""轰"一声关上门。我恨不能，把全世界都关在门外，只留我与我的悲痛相抱而眠。

大概是关门的声音大了，我妈听见了，问我："是谁？"我说："租煤气罐的。"妈说："你怎么把人赶走了？"立刻出了门，站在楼道里，喊了好一会儿，才喊回他们。

我妈和我一样，已经几天没好吃没好睡了，却照常与他们谈价格谈押金，谈妥了，就去厨房吃力地搬煤气罐——我冲过去和她一起搬了。

当时的我，真的不明白：父亲都不在了，为什么还要做这些事，这几块钱，要来何用。

又过些年，我自己，发生了很多事。

很长的日子里，我无法入睡，黑暗像渐渐凝固的石膏，把我封印在里面。强烈的恨意与绝望涌上心头，一夜一夜。而城市夜空，是一种嗡嗡作响的静。

偶尔也有应酬、活动，会出场面。坐在人家的演播室里，啪一声，顶灯打开，同时，我无尽热泪涌上，生生停在眼眶里。多少摄影机对着我，要如何不为人知地拭泪？

每一次我都想：非得去吗？有必要吗？这些能稍微缓释我的痛吗？每一次，还是去了。还是要把眼前的生活安排得妥妥当当。日子，还要继续。

后来，时间慢慢跨过我，像压路机碾过不够驯服的沥青路面。

有一次，我在小区里遇到一个坐在轮椅上的年轻女子。她很活泼且美丽，一路与推轮椅的人说说笑笑。走近了，我看到她的裤管，从大腿处就打了结。她应该不是生来就没有双腿，而是后来受了伤。

她没看到我，我看着她的满脸笑容，我明白某种意义上，我就是她。和她一样，我的伤终生不会痊愈，正如断肢不会自己长出来。

但，我将克服这缺陷，并且习惯。

屠格涅夫有篇小说，叫《白菜汤》：一个农家的穷寡妇死掉了独子。她的脸颊消瘦，颜色阴暗，眼睛红肿着，站在小屋的中央，"不慌不忙地从一只漆黑的锅里舀起稀薄的白菜汤来，一调羹一调羹地吞下肚里去"。

妇人说："我活活地给人把心挖了去。然而汤是不应该糟蹋的，里面放有盐呢。"

是的，日子是不应该糟蹋的，里面有盐。
这不是意志或者坚强，只是人生。

精彩赏析

这篇散文以亲情为主题，通过讲述父亲去世后家里发生的一些琐碎的事情以及自己经历的痛苦和困惑，表达了对亲情的珍视和对生命的态度。作者运用了细腻的描写和情感化的语言，使读者更容易被故事所感染，引起共鸣。同时，作者也通过自己的经历，勉励读者要珍惜生命，坚强面对困难，不要让自己被痛苦击垮。整篇文章表现出了一种平静而坚定的态度，让人感到温暖和励志。从写作角度来看，作者运用了大量的描写和修辞手法，如细节描写和对比、象征等手法，使文章更加生动形象，同时也更具感染力。作者还运用了适当的段落和句子结构，使文章更加清晰明了。另外，作者通过多种手法，如对话、回忆、比喻等，使文章更加丰富多彩，更具吸引力。

吃饱了再说

🌸 心灵寄语

> 吃饱了才有力气与命运搏斗，只要不饿死，冬天就一定会过完。不要轻易放弃，因为幸福有时就藏在最简单的事物中，只要我们肯去发现、去感受。

那时，我对自己说："每个人生命中，都会有一两次寒冬。"这是夜行人大声唱歌的壮胆法，但也许其他人都生活在亚热带，连秋天都没见过。又或者，真正的寒潮会在明天才陡然到达，把我冻成冰棒：啊，我还没减肥成功，史上最胖的一尊冰雕。

最山穷水尽的时候，我找到了一份工作：钱少得不能提，远得一塌糊涂。我在百度地图上查到公交车，后来才发现这路线要绕个大圈子。微有阳光、全无暖意的下午，我扣紧羽绒服所有的扣子，穿过四环积雪未融的桥洞去搭公交车，黄花鱼一样贴着边，经常有疾驰的三轮车、电动车与我擦身而过。应该有车水马龙，记忆里却死寂，许是我聋了，要么内心的哭喊太大声。

我不记得吃饭这件事，上车踏板的时候，却一个踉跄。车开动了再停下来，我迟钝地看向窗外，看到一块"周记米粉"的招牌，我就下了车。

是临街民居的底楼，要上几步台阶，一进门暖气扑面，满眼郁郁葱葱的绿叶植物。叫了份"招牌米粉"，我连汤都喝尽，热流一点一滴，在全身弥漫开来，像一只手轻轻拂过我全身。不够给力，不是一把揽我入怀，但已经够让我有力气去搭长长的一程车。我略坐一坐，又上路了。

就这样，每天车行此处，我就下来吃一碗米粉。有时是正饭点，一屋子人，更显得热闹。玻璃板下压着井字蓝格桌布，老板娘扬声向后厨报餐名，我的米粉端上来了，扑我一脸热气，是食物的亲吻。我突然间，意识到了饿，是知觉被唤醒。

曾经的我，"饿过劲"了。求而不得，号啕大哭而无人理会，于是索性放弃这念头——我不要，因此不用承担要不到的绝望。无欲则刚，其实我真的是，真的是一枚钢铁战士。

但此刻，热汤在口腔里，米粉像一群滑梯上的小孩子，哧溜哧溜、排着队下肚。周身都发出满足的低吟。我有多久，不记得饱的滋味？

即使我还一无所有：爱人离开我，事业正低谷，我与世界爱恨交织，不知道是它欠我还是我负它。未来是紧闭着的嘴，我渴望它吐出祝福又怕会听到诅咒。但，能有一碗热汤粉吃，就是幸福。

我把菜单看了又看，终于扬声："老板，给我加一个蛋。"没关系，即使他当我是麦兜，答"没鱼丸没粗面"，我还可以要牛腩。这是我对人世小小的要求，而人世笑容满面、三步两步满足了我。握筷在手，我像《胡桃夹子》里被魔法变身的王子，一点点，从指尖开始，从木偶人化回血肉之躯。啊，吃饱了，多么好。

我还不及成为熟客，公司就搬了家，我从此再没去过那家店。再回忆起那段日子，像《海洋》最后的一个镜头，被割去双翅的鲨鱼沉默地堕进海底，一动不动，连血色都只有一点点，在海水里很快看不见了。只有它们，有声有色：绿植物，花桌布，老板娘温软的南方口音，常常放着《勇气》这首歌。以及，冰冷世界里，一碗热汤粉。在我的冬天里，它是一个名叫"春天"的岛屿。

我不曾说感激，也没必要——我是规规矩矩付了钱的。而我，缓慢的、不为人知的康复，从一家米粉店开始，我终于懂得：活着，只需要阳光、空气、水和食物。不管发生了什么，吃饱了再说。

吃饱了才有力气与命运搏斗，只要不饿死，冬天就一定会过完。

精彩赏析

这篇散文通过一个人在寒冬中的艰辛生活和一碗热汤粉的温暖，表达了"活着，只需要阳光、空气、水和食物"的哲理。作者用细腻的描述和生动的比喻，让读者深入体会到这个道理的真谛。同时，散文中的"寒冬"也可以看作是一种象征，代表着人生中的困难和挫折。作者通过自己在寒冬中的经历，告诉读者要坚持下去，因为只有吃饱了才有力气与命运搏斗。这样的哲理可以启迪人们对生活的态度和看法。从意境角度来看，这篇散文通过生动的描写和细致的刻画，营造出了一种温馨、舒适、美好的氛围。作者通过描写热汤粉的味道、店内的环境和氛围，让读者感受到了一种家的温暖和亲切。整篇文章充满了对生活的热爱和对美好的追求，让人感到心灵被洗涤和净化。

如何告诉你青是最美丽的颜色

🌸 心灵寄语

> 美好不仅仅存在于自然中，也存在于我们的文化、历史和艺术中。让我们一起学会欣赏身边的美好，珍惜每一个当下，让生活变得更加美好，充满着希望和阳光。

每段我陪小年走过的路，幼儿园、钢琴课、舞蹈班……去来，都是我们的知识大讲堂、百科全书及十万个为什么。所以她突然问我"青是什么"，我并不诧异，只反问："什么青？"

"青色是什么？"

我犹豫了一下："呃……可能是绿色、蓝色，也可以是黑色。青草是绿色，青天是蓝色，"我们一起扬头，上面是懒懒淡淡的初夏天空，"青丝是黑色。"——这个词有点儿生吧，"青纱"？她可能更不晓得。

"那，赤橙黄绿青蓝紫的青，是什么颜色？"

我直接卡住了："……一种蓝色吧。"不对，里面已经分别列出蓝绿紫，所以应该都不对。我徒劳地又一次抬头看天：绉纱一样淡如轻烟，明净如女孩子的裙，或者可以命名为"雪纺蓝"。我心虚地说："我回家给你查查。"

书上说：青色是在可见光谱中介于绿色和蓝色之间的颜色，波长大约为480—490纳米。对五岁幼童念定义？向她解释光谱、可见光谱、波长、纳米，我能吗？爱因斯坦再世，只怕都得敬谢不敏。

小年等不到我的答案，跑去问大姨。大姨天性务实，惯于从身边寻找素材："你不是摔过跤吗？膝盖上腿上青一块紫一块的，对不对？那个就是青色。"小年大喜，冲过来对我喊："妈妈，我身上有青色。"就要撩裤腿展示。

我……倒吸一口冷气。红是印泥也是血；黄是黄金与盟誓；绿，春来铺满江南。每种颜色都有多重性，我不想让她从伤口处开始。而小年一头乌黑的头发，正是朝如青丝，我才即将暮如雪。

一时想不出好的解答，只好暂且搁下。正好，一个喜欢户外运动的朋友，新买了皮划艇，邀请我们去湖上泛舟。我带着小年去了：大片湖面上，只有我们一条船，湖水静静破开，千山万水仿佛我独行。有鱼，被我们搅动，纷纷跳将起来，落水的刹那如一朵朵水烟花。

尽兴而返，夕阳挂在楼群的塔尖上，凉风渐起。小年穿着救生衣，我还怕她冷，伸手抱她入怀，无意一抬头，屏住了呼吸。像怕惊扰了什么，我小心翼翼地轻声说："小年，你看，这就是'青'。"将暮未暮，碧蓝天色里泛出黝沉，像釉蓝，并且是釉下彩，那颜色，从很深很透的地方泛出来。比蓝深，比黑鲜艳，比历史更沉着。

她坐我膝上，也静静地抬着头："青"的美丽，同时笼罩住我们，果然天似穹庐。有一天，我还会向她说起《敕勒歌》，我但愿有机会像此刻一样，带她去阴山下，以实景告诉她何谓天苍苍。

而我打定主意，要抽一个她不上课的日子去博物馆，让她知道，"元代青花瓷四爱图梅瓶"是值得专门设一个展厅，并且大书在展牌上的，她从此可以时时地地，认出"雨过天青云破处"。青，就是中国，就是宇宙——没错，我们一向用青空和苍冥来形容它。

精彩赏析

　　这篇散文以妈妈与女儿讨论"青"的颜色为线索，展开了一系列的想象和联想，深入到颜色的多重性和文化的多样性。通过一个孩子的好奇和探究，作者巧妙地把话题引向了更广泛的范畴，从而表达了对生命、自然、历史和文化的感悟。同时，作者在散文中巧妙地运用了自然景色和艺术品的描写，更加生动地表达了内心的情感和思考。整篇文章流畅自然，意境优美，充满诗意，给读者带来了美的享受和心灵的启迪。

预测演练二

1. 阅读《死亡唇边的微笑》，回答下列问题。（10分）

（1）请用简洁的语言，概括出本文所叙述的故事。（3分）

（2）文章第三段说"她从此不喜欢花"，请问这是为什么？（2分）

（3）文中将花的开或败与人的生或死加以类比，表达了什么样的生活哲理？（3分）

（4）文中写到两个主要人物"她"和"他"，你更喜欢他们中的哪一个？请说说你的理由。（2分）

2. 阅读《韩爷爷的书》，回答下列问题。（15分）

（1）本文追述了"我"和韩爷爷之间发生的两件事，请你加以概括。（2分）

第一件事：＿＿＿＿＿＿＿＿＿＿＿＿＿＿＿＿＿＿＿＿

第二件事：＿＿＿＿＿＿＿＿＿＿＿＿＿＿＿＿＿＿＿＿

（2）第四段的第二句话运用了什么修辞手法，有何妙处？（3分）

_____

_____

（3）第十一段中"我简直说不清是尴尬还是滑稽"的"滑稽"和"尴尬"分别是从哪两方面来说的？（3分）

_____

_____

（4）第十三段中"竟然"一词能否删去，为什么？（3分）

_____

_____

（5）文中最后一句"在我的初段，和他的暮年，庆云与景星遇见，已经是，三生有幸。我，不能够要求更多"。"我"为什么会觉得"三生有幸"呢？（4分）

_____

_____

3. 写作训练。（60分）

"宽"即打开人生格局，"容"乃采撷智慧美德。只有让"宽容"与成长携手，年少的你才能用"宽容"的音符奏响青春最美的和弦！

请将"宽容若在，_____"这个题目补充完整后写一篇文章。

要求：①主题要鲜明；②除诗歌、戏曲外，文体不限；③文中不得出现真实的地名、校名、人名；④字数在600字左右。

何人煎出春意长

🌸 心灵寄语

在异乡漂泊的日子里，即使只是一块糯糯的糍粑，也能勾起我们对家的无限思念和怀念。

怎么没人跟我说过，北京的冬天如此严酷。一地污脏的雪，狂风卷起满街的废纸垃圾袋，下午三点落日惨淡，随后是深邃的夜，奇寒彻骨。冷，如我所不了解不能接受的冷。

我想回家，想到贪婪的程度。元旦只有一天假，我宁肯飞去来也得回家一趟。抱住妈妈的时候，我嗅到她身上家的味道，赶紧头一低，脸颊在她背上一揩，旧棉布的感觉，好舒服。

妈妈特地为我下厨，我心安理得在客厅，袖手旁听厨房里油的微沸，蛋香、糯甜、油的热气涌出来。妈在煎糍粑。那扑鼻香，好亲，像裹着大毛巾打扫卫生的邻家小妇人，汗盈盈的，家常诱人。

等不及，站在锅边就尝一个，被浮油烫一记，却仍塞得满口软糯。此刻说什么，都会是甜言蜜语。妈妈说："不急，都是你的。"去接个电话回来，其余的居然都被姐姐们吃了，我是真急了，吵嚷道："妈妈给我弄的。"年过三十，我仍是家中的最小偏怜女，妈已经端出新的一盘。我的形容词，匮乏到只剩了一个"香"字，满口满心，都是暖。

春节再回家,在灶旁与妈妈叙叙家常,她一直在煎糍粑,一小块一小块,圆圆的,香味像蘑菇一样蓬开。记得小时候,爸的乡里亲戚来拜年,左手一只鸡,右手提几大块暗灰白色的糍粑,茶几面大小。家里把糍粑贮在水里,是无意的水磨,它们便越来越明彻,如云石,也一般硬,敲一敲,铛铛有声。每天早晨,糯香唤醒我的胃,是爸透早起床,下厨为我煎糍粑……我的泪,像无声风暴,打在烫热的糍粑上。

想带点回去,又犹豫怕不能久搁。临走那晚还是去了超市,货架店堂都冷清,而糍粑卖完了。

第二天是早八点的飞机,我六点起床,原来妈已经醒了,问我:"机票、身份证、手机充电器都带好了吗?"仿佛我还在读大学,第一次出远门。临上车前,她忽然慌慌张张跑向冰箱,拽出一个塑料袋:"带去吃。"半袋糍粑。

来不及重新整行李,就搁在手提包里。才从冷冻室拿出来,一大砣生生地冰贴着身体,像北京严冬的冬,渐渐微温。

我并不是一个精于厨艺的女子,一下飞机就急急打长途电话给妈,一手举话筒,一手端锅:倒油,略热后将糍粑平摊下去,开小火,翻动,才片刻工夫,糍粑就冒青烟,面上焦黑。我手忙脚乱关火,内里居然还是冷白的。妈说:"火还不够小。"

添油回灯重开灶,火苗只隐约可见一点蓝影子,看糍粑一点点带了碎金色,渐次深沉如湖面烁金,用筷子细细给它翻个身,锅里极弱地"噼啪"着。

有一首诗是如何说的?"纤手搓来玉色匀,碧油煎出嫩黄深。"妈妈没有一双纤手,我也是。厨房间的女人,掌心有茧,指缝有油,手背有刀的痕迹,如战士——百年的玫瑰战争还有休战,一日三餐

\ 试卷上的作家

却一餐也少不了。

但此刻,我轻拢慢捻,有一种女娲造人的庄重悲悯。慢一点,从容一点,即使不能造出最美的天使,至少也得秀外——不糊,慧中——熟了。借由这慢热,我与糍粑,生出缠绵意。

弄好了,一时不忍下嘴,任它热热地泛着香。抬头几上,我才买的一盆红杜鹃,开得无忌如童言。北风撼窗,这日子却不是不丰足的。

吃得很小心,袋子却终归越来越空,如减肥成功的人穿旧时的一条裤。北京有糍粑卖吗?也许有,但我哪有本事上穷碧落下黄泉地觅?

正惆怅间,应酬时遇到一位阿姨,说:"咦,你可以自己做呀。"糯米在清水里泡一夜,蒸得九分熟,倒进臼里,用擀面棍用力舂,待米饭软如云团,压成一块一块,就好了。我诧异地看着她,她是河北人,先生是四川人,却在湖北生活了二十年。她笑:"住长了,哪里都是家了。"下颌精致如细瓷。

听起来就物力维艰,我连念头都没敢起。逛街时,却忽然看到了臼,其实没见过,但一看就知道是它。闲搁在一家小店的一角,大海碗大小,石制磨砂,内里是豆沙绿粗陶,外面绘了大雪天气,四野皆白,一个武士挽袖举杵如杀伐,却原来他身侧跪坐一个女子,正低首翻动饭团,翩然若仙。是因了他的刚猛和她的幼弱,他们双双制出的糍粑,才这般生时硬如铁,熟后软如蜜吗?

老板的开价十分天文,我还是买了,很辛苦地抱回家。小路上,眼底带过一抹渺茫的绿,但这是万木萧疏的北国之冬,我不由停脚喘口气,脚下一条活泼泼小河,而垂柳枝头真的是新芽吗?呀,原来已经五九,北京的四季,如皮影分明。我抱紧石臼,如抱紧整个繁花的春天,背上微微濡汗。

慢慢地,我也会,把异乡住成故乡吧。

精彩赏析

　　这篇散文描写了作者在北京的冬天的感受，通过糍粑这一细节，展现了作者对家的思念和渴望。作者在描述糍粑的制作过程中，用了很多细致而生动的描写，让读者仿佛看到了糍粑在锅里"一点点带了碎金色""渐次深沉如湖面烁金"，并且感受到了作者与糍粑之间的缠绵意。这种对细节的关注，让整篇文章充满了生活气息，也让读者更容易地进入作者的内心世界。

永远不必说错过

● **心灵寄语**

> 每个人的生命中都会有错过,但是我们也会在不经意间遇到另一种美好。

在中年之后才遇见的我们,是彼此错过吗?一路上,我都在想。

十一月,我来到盘锦,他们一脸惋惜地告诉我:红海滩已经封滩,最美好的时光如远去的挽歌,余音不再。

盘锦的海滩上,生长着一种叫翅碱蓬的草。它在生长过程中,一次次被潮水淹没,不断吸取土地与海水中的盐分,颜色逐渐加深,转为红色,到盛秋,红得发紫。七十八公里的海岸线,九万亩的范围,长满了这种红艳欲滴的植物,这里因此得名红海滩。据说那场面,令人震撼。

看不到就看不到吧,我本来也是来公干的。清晨起来漫天大雾,我往辽河油田的深处去。雾柔软地在车窗边凝固着,车像在洗一个连绵不绝的泡泡浴。午饭后雾气退去,我四处逛逛,只见海滩上东一块西一块,像非主流们剪得乱七八糟、染得不黄不绿的发。翅碱蓬已经枯萎,间杂着高高的芦苇丛。

钻井工人对我说:"你这点儿来白瞎了,早一个月可好看了。"

我说:"怎么个好看法?"

他想一想:"就跟画片上一样。"民间表达,纯粹而精确。而画片上,十月大片滩涂,像刚从染缸里捞出来,如火如荼,如浴血千里,美得动人,也美得狰狞。

但我怎能说,此刻的红海滩不美?我一时起意,爬上高高的钻井台,脚下的井口散着浓烈的原油气味。我眼前,自近至远,是从来没见过的,那么广大的色块,一片黄,一片绿,拼得很温柔,宛如油画。视线的尽头,是宁静的、灰蓝色的海。暮意来得很早,才下午三点,所有轮廓都加了深,像用铅笔重新涂过。

我站着,那么高,四海八荒,仿佛只有我一人。海风尖锐地穿透我,臃肿的羽绒裤顷刻薄如蝉翼,我却有一种像要飞起来的畅快感。

很远,一只黑色的大鸟疾速飞过,他们急忙招呼我看,说当地人称这种鸟是"老等"。老等是什么?有人说是苍鹭,又名灰鹤,因为习惯静静站在浅水中,等小鱼游近就迅速一啄,故而被称为"长脖老等";也有人说是白鹤,还有人说是鹳雀。我是标标准准地惊鸿一瞥,确实不敢下结论。

下了井台,我看见芦苇上凝着细细的小冰珠。我摘下几颗,它在我手心消失,那一点点湿也迅速被吸收。我像神话里偷宝的人,愕然于双手空空。冰挂缀满芦苇丛,像环佩叮当,像水晶版圣诞树。我突然领悟,这就是诗中的"蒹葭苍苍,白露为霜"。

我是游走在诗里。错过了红海滩的那一刻,我便得到了它的这一刻。我不后悔没有看到它的盛年,只庆幸我赶在冰封三尺之前进来。它的青春不肯为我再来一次,它的中年却缱绻、沉着,如你。

你老了,你鬓边有白发,唇角有沧桑,微笑时胸中有苦涩,落泪时眼底却有坚毅。我遇见的,是深秋的,正在渐渐枯萎的你。

永远不必说错过,正如这片无人的红海滩。为了我,它已经等待千年。我在任何时候出现，它都是最美的。

正像一直在等待我的，中年之后，暮年之前的你。

精彩赏析

文章讲述了作者去往红海滩时，意外得知红海滩被封滩后无比失望，但又释怀的故事。文中多处运用环境、语言、细节描写，将红海滩昔日的盛景呈现在读者眼前，让人身临其境。同时，文中又穿插了作者在途中看到的黑色大鸟"老等"和缀满冰的芦苇丛，别有一番风景。作者借景抒情，阐述了自己对人生和人与自然的思考和感悟。整篇文章的叙述方式非常细腻，可以感受到作者的心情和情感。

人行道之茧

● 心灵寄语

> 我们都是宇宙的流浪者，但能有一张温暖的床，睡在上面，看到的是房顶而不是星星，已经是莫大的福分。

我第一次看到他的时候——确切来说，是看到红塑料桶、蛇皮袋和漆黑的被褥——我没认出那是个人。

那时我在长沙做电台节目，每天凌晨一点，我对夜空说过"晚安"，穿过城市归去梦乡，沿途都是地摊，年轻人的热语喧哗、卖唱少年嘶吼的理想在夜空中飘荡。天气转凉，夜市渐渐不出了，我突然发现，骑楼下的人行道上，有一堆东西，远看像小店排的水果箱。

走近一看，鼓囊囊的看不出是什么，一人多长，一人多宽，像个被窝，头尾都封得很严实，如一枚茧。难道有人睡在这儿，十一月，午夜，室外露天水泥地上？我没停脚，很快走过去了。

第二天白天经过，那里什么也没有，除了脚步掀起的风。午夜之后，灰姑娘华美的幻影消失在拐角，小街只残留满地垃圾，我又看到那枚茧。这次我确定了，里面有个人。灰黑油毡，露着败絮的棉被，一端掖了个红塑料桶，另一端有个蛇皮袋，一半叠在油毡下面。大概这就是窝中人抵挡秋寒的全部装备了，捂得很紧密，不透风声，连头脚在哪一头都看不出来。

我已经被生活锤炼得如铜墙铁壁般，此刻却还是震了一下：为什么之前不见这个人，当然是原来这里要出地摊，容不下一个窝；也是天气越来越坏，骑楼下面，能略挡风雨。他的巢躲在柱子旁边，还算隐蔽，能容他瑟瑟发抖。那么，冬天他睡在哪里？

我没想到，冬天他还睡在这里。

那一年号称"千年极寒"，我买了最长款的羽绒服、羽绒裤、厚毛衣厚毛裤和雪地靴，前所未有的硕大无朋，行动间如同怪物史莱克。长沙下了四场雪，夜夜踏雪而行，自觉像只流浪猫，靠意志取暖。而每晚，我都看到那枚人行道上的茧，像万古以来就在那里。不，天明之后，那里就是空荡荡的寂寥，旁边的水沟，融化的雪，冒着热气。我从来不知道他是几点起床离开的——如果那也能称为起床。

我没有去猜测茧中人的身世，是个拾荒者或者乞丐吧，破衣烂衫，在街上踽踽独行，要么坐在商场门口向大家伸手。他是比卑微更卑微的存在，城市之蚤，我们都是害怕惹上蚤子纷纷退避的陌生人。他以自身的光怪陆离，将世界与他隔开来——但是，他也是一个人，空腹会饿，冬天会冷，冰冻三尺的天气，他鸦雀无声地，把头埋在被窝里保暖。他不需要新鲜空气，他只需要温度。如果他冻死了，他就是明日本地新闻里的"某男子"。姑且当他是男人吧，虽然我从来没看到过他的脸。

忘了他是几时消失的。冬天过尽，日月长，春衫薄，地摊是城市里的蘑菇圈，一场春雨后就哗哗地生出来。我一边恨膘生，一边嘴馋半夜吃麻辣烫，坐定了左右一环顾：咦，那个窝呢，那个人，现在睡在什么地方？略一出神，肉串已经烫好递过来了。

有一天，在街上遇到了他——是我认出了他的红塑料桶，他被褥的颜色。确实是个流浪汉，发如乱草，赤脚漆黑，漠漠然在街上翻垃圾箱。呀，他还活着，真好。我猛地意识到，我曾担心过他的死活。

我走过去，给了他五块钱。像放下了一桩，从秋天起就有的心事。

我不见得比他幸福：我在各个城市间闪回，凭手艺谋生，我随身带着笔记本，随时记住几件事几句话几行字，恰如他收集废矿泉水瓶和纸箱。人问我下一站是哪里，我顺口答：此心安处就是家。或者：心是主人，身是客。

他是城市里的流浪者，正如我是尘世的流浪者，或者连地球本身，都不过是宇宙间的流浪者。而能有一张床，夜夜睡在上面，抬头看到房顶而不是星星，已经是莫大的福分。

精彩赏析

这篇散文通过对城市里的一个流浪者的观察和思考，从多个角度展现了作者的文学功力和思想深度。作者通过对流浪者的描写，让读者感受到了城市生活的孤独和冷漠，以及人类在宇宙中的渺小。文章语言简练、清晰，情感真挚，通过对细节的描摹，让人不由自主地沉浸在故事中。整篇文章没有过多的评价和判断，而是通过具体的事例让读者自行思考、感受。总之，这是一篇优秀的散文，值得品读。

一碗糁的尊严

❀ 心灵寄语

> 每个人都可以成为别人生命中的温暖，即使只是短暂的相遇，也能让人感受到无尽的温情。

　　早春二月，还冷得很。我在岱庙的山墙上，迎面长风像太极拳，柔中带刚，令人立足不稳。抬头远望，我与城市平起平坐，棉袍灌满风也能飘飘欲仙，我是笨重的白鹤亮翅。

　　快中午，出了岱庙，我在泰安后街小巷逛来逛去，一眼看见招牌"泰山名吃——正宗传统独一家糁馆"。糁是什么？下面一行中号字：面食两块五即吃。

　　是要自己去窗口端餐的，吃完算钱。我端着托盘走到近门，看到一位老先生独个儿占了张桌子。我向他笑笑，坐下来。

　　老先生庄重地向我点头："吃饭呀？"伸手招呼我，"吃点儿菜。"他显然正在自斟自饮，自得其乐：小盅白酒偶尔抿一口，一碟花生米，一盘韭菜炒蛋。我客气地谢谢他。

　　糁是健康小麦色，类似粥也像面糊，汤上微微荡漾着蛋花。专注喝一口，鸡汤的清鲜，胡椒的微辣，暖暖地下了肚，口感似稠而稀，汤薄而味浓。老先生一直在留意我，此刻徐徐地问："好喝吗？"

我说:"好喝呀。"他满意地点头,伸出三根手指:"我每天喝三碗。这个好,养人、增寿、美容。你看我像多少岁?我都六十了。"语笑皆朗朗,确实更像个中年人。

有人过来,老先生站起来,拉着人家的手:"吃好了吗?吃什么了?"俯耳过去,似说悄悄话,但原来只是体贴地算账,"两碗糁,两份面食,十块。"我才反应回来,老先生是老板。给钱找钱,他真诚地道别:"明天见。"从容坐下。整个一气呵成,仿佛就是寻常人家送客。

同行的朋友端着油条过来,还没坐定就跟我说:"这大妈真好,怕我不知道,告诉我,吃多少都是两块五。"我一愣:"什么?"

老先生点头:"没错,面食一人两块五,不管多少。"又给朋友让菜,"你吃点儿,别客气。"

不断有人结账,每次老先生都站起身,与人寒暄数句,是熟客,还说些家长里短。这像旧小说里的场面,医生到家看病,先互致短长:"老太爷好吗?大奶奶好吗?"再问:"府上哪一位不舒服了?"农业社会的温情脉脉,民间仍有流韵。

也有我似的生客,老先生一视同仁,至多问几句:"哪里来的?有机会再来呀。"他郑重在对方臂膊上轻拍一下,是一种无声嘱托。

朋友吃完了,居然还打算起身去拿:"两块五任吃。"我一把按死他:"你打算把人家吃破产呀?"举目一看,真有人桌上一簸箩满满的,油饼、油条、卷饼、馅饼……吃得十分惬意。

老先生,他的店都让我想起《水浒传》里常用的"主人家":客栈主人、饭馆主人、赶脚主人……他们打扫店堂,仍是秉持《颜氏家训》:黎明即起洒扫庭除;把饭食做得干净美味,也是:一粥一饭当思来之不易。这是他们的产业,他们的店,也是他们的家。

而我们借由光顾他的店,成为他的客人。他于是以主人的自信与热情，延我们入座，嘘寒问暖，为我们吃得饱吃得好真心喜悦。他不是在服务，只是待客，周身上下，都是一种饱经世事后的洒脱，"我相信我是最好"的骄傲，对自己的店，对自己的饭食，他百分百有底气。

他对我们，如遇大宾，我们对他，视为东主。萍水相逢，互相成为对方生命中一刻的温暖。人生盛宴中，不是每一次主宾，都能这般好聚好散。

我与朋友，一人一碗糁，两块五的面食，我还另外要了一小碟牛三袋子（疑似牛胃），三块。一共十三块，完成了泰山脚下一顿简单的中餐。

出了门，再回头看一眼，招牌上写着：早上5：00—下午2：00。这招牌与老先生一样，都有着，既不傲慢也不讨好的姿态。

一碗糁的尊严，让人感动。

糁，字典上念"散"，但我明明白白，在店里听他们说的都是"参"。

精彩赏析

这篇散文以泰山岱庙和一家小餐馆为背景，通过描写老板和客人之间的交流，展现了人情味和尊严的重要性。老板的热情周到，让客人感受到了主人的真诚款待，同时也体现了他对自己店铺的自信和骄傲。散文以细致入微的笔调，勾勒出人与人之间的温情互动，在旁人看来平凡的生活中，让读者感受到了情感的力量。

街　戏

> **心灵寄语**
>
> 许多精彩的民间艺术和市井文化，如楚剧一样，顽强而艰难地生存着，它们就像一个受尽委屈的小媳妇，等待着能够挽救它们命运的人。

常常是在街上开始。

傍晚时分，搭一程过江的车，去到汉口。随便在某一处下车，远远地，听见高亢明亮的锣鼓声，是有人在演野台子戏，汉剧或者楚剧。很惭愧，这两个剧种，我从来没分清楚过。

多是在小街，两边都是居民自己盖的房子，参差不齐，入冬家家户户都晾出腊鱼腊肉和一挂挂的香肠。夏天，男子们当街洗澡，浑身上下只有一条短裤，水龙头里的冷水劈头盖脸地冲。如果是在大街，则往往在银行或者金融机构的门口，那里总有一大片空地，十分宽敞，穿堂风习习而来，石狮安静蹲坐，毛发纷披。

散淡夏夜，锣鼓催了又催，附近的爹爹婆婆端着小板凳陆陆续续出来了。我就远远地站在外围看——因为吝啬，不准备丢钱到饭盒里去，带着蹭戏的羞惭。戏班竖起两根旗杆，挂一串大灯泡，以标志舞台,"画地为牢"这个词在这里有最明确的象征。旦角"咿呀"一声,一抬手,如燕之待飞,花袄花裤,都有补丁。她近了灯,我便看见上面万年不洗的垢,而她脸上黑汗水正流着。与她配戏的小生,往往是中年人,妆化得敷衍,遮不住也没准备遮住年纪,一把嗓子蛮粗,而她管自娇滴滴、滴滴娇着。这大概就是传说中的"浪语油腔",我是俗人,最爱听。

戏外还有戏。旦角一下台,身体就挺直了,她拿一个大瓷缸喝水,咕咚咕咚地,也很敬业,用袖子挡一挡脸;等待上场的丑角叉开腿坐在长凳上,玩手机,大概是在发短消息,涂了白粉的脸很专注。他们华美而破烂的衣服,浮在城市夜晚淡蓝的雾里,时空有奇怪的错位。而观众若无其事,不在乎这缝合感。

有时舞台旁边,会有一块黑板,写着剧目,《葛麻》《双怕妻》……我都不懂。而歌的歌,舞的舞,不因为我的无知,稍逊颜色。

我没耐心,听一会儿就走,很少能看到全篇。印象深的,有一部讲恶婆婆的,儿媳洗好了衣服,去户外晾,"会给人偷",在室内晾,"沾不到阳气",最后恶婆婆让儿媳把衣服顶在头上跪在院子里晾。儿媳遂头顶破衣,苏三似的跪在台中央,纹丝不动地唱着长篇大套。蓦地,来了一个男子,一手揭起她头上的破衣,这一刻,多么惊艳如同洞房——掀起你的盖头来。来者何人?是准备英雄救美吗?我正浮想联翩,原来那就是她的丈夫,恶婆婆的儿子。

楚剧无非就是这样,说着家长里短、婆婆妈妈。它原名黄孝花鼓,起源于清道光年间,1926年得名楚剧,流行于湖北民间。它得了名,仿佛流打鬼被封了神,是一颗地煞星,抬了身价,却一直是地方小戏。评剧、豫剧、黄梅戏,都杀出重围,成为流行,楚剧却始终无此机缘。

它因此不是艺术，没有那种端严的距离感。

是的，楚剧不是艺术。如果艺术是指，我必须穿上美好的礼服，矜持地进入长安大戏院，端坐，优雅地在开始与结束时刻鼓掌——中间到底可不可以鼓掌？报纸上一会儿一个说法，我就像大部分可怜的观众一样，被弄糊涂了，在看戏当中睡着了。

而艺术是否必须从肉身度成神仙，必须是博大精深与源远流长？可不可以，仅仅是俗世风景？

我所看到的楚剧，永远是在街上，这么热闹这么认真，与卖鸭脖子的、炸面窝的、大声讨论家事的中年妇人一样，就是街市自己。之于武汉，楚剧是一城呼啦啦大叶子的法国梧桐，有泼生泼长的强悍生命力。

我离开武汉后，就没看过楚剧。楚剧会灭亡吗？难说。老城正在大片大片地被拆除。中国人最看重的亲戚关系，因为独生子女政策，向小孩们解释起来很困难。恶婆婆们虽然是永恒的——不信请参阅婆媳论坛上那无穷无尽的"我的婆婆、公公、小姑子、小叔子……"等贴，但忍辱负重的媳妇已经不多见了。

有时我想，楚剧，是不是像一个委曲求全的小媳妇？受尽命运的侮弄，而一言不发，也许有人会来揭开她的红盖头，也许，永远没有。

精彩赏析

从写作手法来看，这篇散文运用了大量的描写手法，通过对场景、人物、细节的具体描写，展现出武汉的夜晚街头和楚剧表演的生动场景。同时，作者也通过对楚剧的历史、现状和地位的介绍，把这个看似朴素的艺术形式与当代社会联系了起来，具有一定的思想深度。从意境来看，这篇散文营造出了一种热闹、有趣的氛围。作者通过对楚剧表演的描写，让读者感受到了这一剧种的独特魅力，同时也让读者感受到了武汉夜晚街头的独特气息。整篇文章主题虽然沉重，风格却让人感到轻松、愉快。

初 夏

心灵寄语

在初夏的时光里，尽情享受生命中的美好，感受自然万物的生机勃勃，能激励我们勇敢面对生活中的挑战，拥抱未来，迎接新的人生旅程。

我喜欢初夏。

我喜欢雪白芳香的栀子花。

我喜欢夹竹桃，红的好，白的也好。

我喜欢胖胖的睡莲。单位前院的池塘里，我数过，一共是七十七朵，其中十三朵是血一样红的红睡莲。

我喜欢女人襟上袖底扣下的玉兰，所谓暗香。

我喜欢瓜果梨桃。一刀切下，新凉清甜的气息喷薄而出的西瓜；像少女怀春一般，从羞怯的青涩，到颊上一抹红晕，最后酡红温软、香甜如蜜的桃。家中大姐不足月的小女儿，用调羹喂她西瓜、桃瓤，才一进口，小婴儿眼睛一眯，用力地吸吸吮吮，非常地陶醉，吸完了，小嘴一咧，笑出一个好大的笑，停一停，又笑，一个人开心了好大一会。

我喜欢丰满青脆的蔬菜。四季豆、豇豆、冬瓜，圆胖结实，是

\ 试卷上的作家

举重运动员的肥,一丝赘肉也无;黄瓜笔直坚挺,遍身尖尖的小刺,握在手里,掌心微痛;铺天盖地的西红柿,且红且黄,且酸且甜,可以捧在手里吃得汁水四溅,也可以堂堂正正炒鸡蛋、炒虾仁,登大雅之堂。还有竹叶菜、汤菜,这么大众的菜,现摘现买现炒,清清素素,只加油和盐,偏偏出锅的那份鲜嫩爽口,什么珍肴美味也比不上。这就像新出道的小歌手,一曲新歌,令天王天后都为之失色。

我喜欢黄昏。渐渐地,纱一样薄蓝的天色不知不觉地变调,转成蔷薇紫。开到极盛势必凋零,那紫是嫁给灰的新娘,前面冠了他的姓氏,叫作灰紫,寸寸刻刻丧失掉自己的领地,终于完完全全被灰淹没了,这才不甘心地、不甘心地,黑成了夜。

我喜欢初雷与急雨。天阴阴的,似乎是嘟嘴的小男孩,耐不住性子,"轰"地就炸了。雷声滔滔不绝,是小男孩使性撒气在摔东西,然后就开始号啕大哭。那眼泪,快,米粉般粗壮、干净,噼里啪啦,不由分说地就来了。

我喜欢雨后的清凉。空气中有泥土的味道,有一两只鸟在初晴时分,立在枝头啾啾地叫;女孩子拎着裙子,跨过路上的积水;一阵风过,大树满身的雨点哗哗地掉下来,造成一场小雨;人们从避雨处纷纷走出来,身上明明是干的,可是五脏六腑仿佛也淋了一场痛快的雨,那么地清爽。

我喜欢燕子。据说燕子在春天里回来,但是我见过的燕子从来都是在雨前雨后的六月飞得极低,沿着地面一掠而过。有一次,我记得是大雨后的黄昏,不知有多少只燕子停在高压电线上,一只一只,挨得密密的,秩序井然,仿佛在开会那么规矩,衬着蓝天的背景,是一根写满音符的五线谱。不时有一两只燕子飞起来,从别的燕子头上飞过,到处滋扰,仿佛是抢着发言。那数也数不尽的燕子啊,叽叽喳喳，叽叽喳喳，一直叫到九天云外去。我站在地上，不由得看呆了。

我喜欢蜻蜓。黑蜻蜓，纤细身材，配着透明的羽翼，更像是瘦伶伶的精灵。有时走在路上，路边花木葱茏，满天满地的黑蜻蜓飞来飞去，简直发愁会不会撞上。当然不会，才一接近，它们身段一折，早已翩然散去，轻盈而又灵巧。我总觉得它们像《彼得·潘》里的仙女叮叮铃，也像现在最流行的骨感美女。

我喜欢深夜的蝈蝈声与蛙声。夜半醒来，房间里像发了大水一样，一地清澈的月光，床就浮在月光中，周围亮如白昼。听见窗外，蝈蝈声和蛙声响成一片。吵是真吵，但是听它们叫得那么带劲，那么大声，好像心头有控制不住的喜悦要兴高采烈地叫出来，一声不够，两声也不够，可以就这样叫一个晚上，我也情不自禁地高兴起来，在他们的伴奏声中又蒙眬睡去。

我喜欢看美丽的花裙。家常棉布的温馨，丝麻水波荡漾的色与影，长裙的秀丽浪漫，短裙托出女子健美的腰臀。裙的流动是水的流动，着裙的女子是水上一朵不断拂摆的莲。

我喜欢裙下玲珑的小腿和素足，着市上最流行的七彩水晶鞋：玫瑰红的、碧玉绿的、鞋面上一朵雏菊的、高高厚厚鞋底的，全是灰姑娘初遇王子时穿过的那一种。少女们皎白纤细的双足套在这些水粉画一样鲜丽明洁的鞋里，把城市惨白的水泥地踏得七彩缤纷。

而我最喜欢看的，是日头炎炎的正午，挥汗如雨时女子脂粉不施、红扑扑的脸庞。

多年前，有本爱情小说，书名叫《青春十八》，书中的悲欢离合，我已不复记忆，可是"青春十八"这四个字里蕴藏着的活力、动感与朝气，一直记得。

我喜欢青春十八一样的初夏。

\试卷上的作家

精彩赏析

　　这篇散文充满了对自然和生命的赞美和热爱。作者用简洁的语言描述了夏季的各种景象，将我们带进了一个美妙的世界。文中的各种事物都是那么真实而生动，让我们仿佛置身其中。作者的描写充满了细节和色彩，使人感受到初夏的美好和活力。同时，作者还通过对蝈蝈声和蛙声的描写，传达了夜晚的静谧和喜悦。整篇散文的气氛轻松愉悦，让人感受到了生命的美好和幸福。

我受苦受难的兄弟呀

❀ 心灵寄语

> 在繁华的城市里,我们往往会忽视身边的小事。但是,当我们细心观察周围,可能会发现许多美好的瞬间。

我是"外地来京人员",初到北京,一切有"刘姥姥进大观园"的狂喜。在车上一直凭窗张望,一会儿看到一大堆金发外国人,一会儿留意远处的过山车。突然,我大叫:"马,马,活的马,马在走路。"满车人大笑。

的确。我是来了北京,才能想象城市里还有马车。时常是卖水果的,夏天是西瓜、香瓜,其他季节什么都有,但都是廉价的,绝对没有卖火龙果的。摊主不怎么吆喝,只是坐在车帮上,手里玩弄着一根系了很多七彩化纤绳子的鞭子。而他的马,就在车前站着,有时候啃一点儿干草。我观察了很久,才确定马不能像骆驼或者大象那样跪下来。草在地上,它就把双腿分开,脖子探得长长的,头控得低低的,默默咀嚼,默默反刍。人和马,都很安静。

我喜欢马,觉得它美丽,颈背的线条既柔美又矫健。拉车的马大概没什么名种,灰白、黄褐、泥色,杂色斑驳,马尾偶尔摆荡一下——我还记得小时候看过的电影,因为有个执着的知识分子,不

\ 试卷上的作家

管其他人如何打扰他，都要讲完"马尾巴的功能"。马儿们都有明亮的大眼睛，眼皮垂着，有一种良人般的温驯。我想去轻触它的鬃毛，但我不敢。

"马，咬人吗？"我终于忍不住问。摊主哗地笑开："不咬，它可听话呢。""那，我能喂它点东西吃吗？"

我找到一颗巧克力，手欲伸不敢伸地给它。马是闻到了食物的味道吗？或者出于本能判断，知道那是一个喂食动物？它低头俯就，滚热的鼻息喷在我手心，像火车的汽笛。我害怕，手越压越低，都快"低到尘埃里，从尘埃里开出花来"。马突然一个猛低头，卷走了巧克力，它的舌头粗糙而热湿，令人印象深刻。

因为有一匹马吃过我的糖，我觉得我与全世界的马都交上了朋友。每次在路上遇到马，我都会多看几眼。夏天时，马的鬃毛被剪得极短，齐齐整整，像时髦男孩子的板寸。我看着就想笑，也觉得心里很暖，农业社会中，人与牲口的情还留存着。

下午时分，我在三环上，车少人稀。对面车道却突发混乱，几辆车紧急刹车、避让，带出一片刺耳的摩擦声。而一辆马车，正逆行疾驰，车主策马扬鞭，马蹄在柏油路上打出一片"嗒嗒"声。我正错愕，身边的的士司机说："得，遇到城管了。"我忧心忡忡地问："抓到会罚多少呀？""咳，这一车果子，都不够罚的。"

很久我都忘不掉那在三环上逆向狂奔的马，四蹄如此惊惶。我问外子[①]："如果一辆车和一匹马撞上了，谁会赢？"他大笑不已："你居然还是理工科出身。"然后才说，"你忘了马力这个词吗？捷达的马力最高可以达到三百多。"那么这场PK，一旦发生，车会完胜？我想到了悲嘶……

────────
①外子：旧时妻称夫为外子。

我当然知道北京是一所城市，而马属于乡村。我完全承认马不应该进来，但是，谁有头发愿意装秃子？谁开得起宝马会自驾一辆马车？

很多年前，尼采在路上，看到一个农夫在鞭打自己的驴，尼采不顾一切上前救护，抱着驴头失声痛哭：我受苦受难的兄弟呀……

精彩赏析

这篇散文通过描写作者初来北京的经历，介绍了北京城市中依然存在的马车文化，从而表现出作者对马的喜爱和对传统文化的珍视。作者用生动的笔触描绘了马的形象，并通过与马的互动突出它的美丽和温驯。作者对马的描写，展现了作者对生命的敬畏和对美的追求，并引出读者对现代城市中人与马的关系的反思。整篇散文语言幽默生动，情感真挚，通过对一个个细节的描写，展现出了作者的观察入微和对城市文明的思考。

茉莉橘子

● 心灵寄语

> 我们或许能够用一份温柔的情感为他人带来一份光明的希望，就像那些默默无闻的人一样，他们用自己的真心，唤醒了世间最美好的东西。

如果，我从不曾向你说过一句又一句沉醉甜蜜的话，你还能不能懂得我茂林深处一般的心中啊，那湖泊般清澈映落的心事？

如果，你眸中沉默的火我不曾遇见，当我在漆黑的人世间徜徉，会不会知道你始终在我的身边，一如日升月落，生生世世？

深冬极其潦草短促的黄昏时分，夜色萧萧而下，她急着下班，门诊却转来了病人，是一位白内障的老人，正由老妻搀扶着送来。

她只草草问了几句，便开出住院通知单，起身："你跟我去病房。"交代老太太，"到那边去交费。"

老太太却不动，只微笑侧头，指指自己的耳朵。老人静静开口："医生，还是我和她一起去交费吧。我妻子，她听不见。"

她错愕地抬头，陡然看见：老人一丝不苟的白发下，脸容安详儒雅，瞳孔却是灰蒙的白，黯淡无光，仿佛被废弃的矿坑。他的眼睛，已经死了。

他看不见，而她，听不见？

消息一如莲瓣上的风，动荡传递，病房里从此多了好奇的眼光。而乍看上去，他们竟如此平常，老人泰半闭目养神，老太太就无声地忙前忙后，一脸谦和的笑。午后，老太太坐在床沿上，一瓣瓣剥开橘子，细细撕去筋络，轻轻递过去，老人总是适时地张开嘴接过。而她，目不转睛地看着老人的咀嚼与吞咽，微笑着，自己也吃一瓣，再将下一瓣橘子喂到老人口边……

一举一动间，竟仿佛不是在穿越光明与黑暗、有声到无声的崇山峻岭，只如明月山冈，清风大江，是亘古以来便如此完美契合，不消更动，亦不屑言辞。

而他不能看，她不能听，要怎样才能沟通交流，接下命运无穷的招数？一个巨大的谜团，由四只苍老的手拥满，她永远都勘不透。终有一次她耐不住地问起，老人无光的眼中透出微微笑意："你以后会明白的。"

那以后，却也来得太过迅猛，以致无从反应。一天，她看见老太太提着水瓶从水房蹒跚而出，刚想上前帮忙，却已有炸裂声，惊天动地，代替了她不被听见的呼喊。老太太仆倒，从此再也不能站起——

只无声地，挣扎着，比画同一个姿势：抬起，又萎垂，又抬起，又萎垂，仿佛舞者的谢幕，仿佛濒死的天鹅，直到越来越虚弱，越来越……

没人懂得手语，却没人不懂得她的心意：请不要告诉他，请帮我，照顾好他。

她默默脱下医生的白袍，将纤纤素手在水龙头下洗了又洗，要冲掉所有医院的气息。然后她静静走向老人，坐在老太太惯坐的位置上，轻轻地，剥开橘子……

橘瓣递到老人唇边时，他开了口："她，我的妻子，怎么样了？要不要紧？"

忽然地，听见窗外的绿树上不知名的鸟啁啾得那样快乐，而老人白色的眼睛痛苦地痉挛着，琥珀融化般厚重浊黄的泪。

四十年前，他便知道黑暗的不归路。那年小组里几昼夜的不眠不休后，眼前忽地一片血红，随即死一般漆黑。

再醒来已在绷带背后，无人可预期，绷带拆除后他生命的颜色。他没有通知乡下的父母，只独自躺在小屋里，从不知黑暗的重量会这般地，以万顷之势压下。二十二岁的大男孩子，终于，哭了。

忽然泛来淡淡茉莉花香，一双女性的手正隔着纱布，轻柔地为他拭泪。

他不禁动容，哑声问："你是谁？"

一无回音，却有什么软软抵着他的嘴唇，他惊疑地、机械地张开嘴，一瓣染着茉莉花香的橘子甘甜地喂到他嘴里……

整整七天，没有声音，没有光，却有茉莉橘子日复一日，滋润他干枯的喉咙。这是黑暗国度里唯一的安慰与期待。只是，她为什么从来不对他说一句话呢？

绷带拆除，他的双目渴盼地四处张望，喧哗人群里，却要到哪里才能觅到那一瓣清甜的茉莉橘子。

渐渐地，连他自己也怀疑不过是一场梦境。他却在无意间握到了她的手，嗅到她掌心淡淡的茉莉芳香，所有的记忆如风云初起。

而她只静静地抬起头，与他对视。她是设计院的清洁女工，大地一般寂静的女子，每天扫地如扫除人生。只是，每天朝夕相处的日子里，他怎么从来不知晓她对他的爱。

而原来，从未出口过的爱，仿佛蕴藏在煤里的火焰，仿佛深埋在地底的河流，是一生的燃烧与奔腾。

她悸动。他松手，复又紧紧握住，然后拉到自己怀里。自此，握住一生不变的温柔，不染尘的约誓。

四十年后，老人仍有同样坚毅的面容，而年轻娟秀的女医生，肃然起敬。

谁说我的心事必得用言语倾诉，谁说只能用双眼识出你无双的容颜。若命运将你我剥夺，如贫瘠沙漠里一棵干渴的仙人掌，我也会为你盛放一千朵繁花，同时向你绽放，我唯一的美丽。

精彩赏析

本文通过描述两位老人在医院看病时相处的方式，讲述了一段关于爱情和命运的故事。作者运用语言、动作、细节描写等方法，自然流畅地交代了两位老人的现状——一位看不见，一位听不见，并将两位老人相处的过程逐一、详细地描述了出来，让读者仿佛身临其境。在故事之外，作者又用比喻、拟人等修辞手法将自己的感受融入其中，让整个故事更加生动、感人。作者用诗意的语言，将读者带进了一个充满温暖和寄托的世界，给人留下深刻的印象。

一个人的路，一个人走

● 心灵寄语

> 总有一天你要学会长大，学会坚强，独自去面对一切困难。没有哪一个人为你遮风挡雨，只有自己靠自己。

才上初二的女孩子问我：是等，还是不等？

——我大吃一惊，以为她芳心可可，说的是路过她窗下的小男生，或者一个遥远模糊的承诺。

结果她问的是：到底要不要等室友一起吃早饭/上自习/去卫生间……

寝室四个人，从初一起就同进同出。但到了初二之后，每个人的时间表开始微妙不同。永远有人晚起，有人在临出门前想起还忘了件事，她说要早起才能吃到喜欢的饭菜，她催促说再不去图书馆就没有空位子，她等得不耐烦了，跺着脚对姗姗来迟的室友们没有好脸色——又自责：真是急性子，没什么比室友间的情谊更重要。

但是等待的时间越来越久，忍不住和室友们提过，她们嘴上答应了但丝毫没有改变拖延的行为。每天如此，还有别的事要做也没时间，她想直接一个人走又怕室友不开心，最后她来问我：是等，还是不等？

她的问题让我轻轻笑了起来，仿佛又回到了中学时光。

忘了是初三还是高三，班主任反复地跟我们吐槽："……有些女同学，去厕所也要一起上。十分钟的课间，你等我我等你，就要等掉八分钟，浪不浪费时间呀？现在一起上厕所有什么用，好好学习，将来一起上清华北大才是正理。"

到了现在，她与她的室友们，同进同出同去食堂，上厕所也是要结伴同行的吧？

我自己从小独来独往，对呼朋结伴这件事很不耐烦——平生最讨厌无意义的等，当然也不愿意让人等我。但看到室友们、同学们在校园里三三两两，像一簇簇小鸟在枝头，又不免自觉是孤雁。所以，我也曾经有这样的困惑：是和她们在一起，去哪里都叽叽喳喳；还是继续保持自己的节奏，去图书馆，一个人去跑步，一个人穿过成长的漠漠树林？

答案很快就揭晓了：随着我与同学们上了不同的高中、大学，进入社会的不同岗位，每个人都是洪流里的圆木或者飞凫，各有浮沉，一别两宽。关系好一点儿的，三年五载，会在同学会上见一次半次；大部分人，连名字与长相都想不起。

抱团，是天性。因为人类是群居动物，我们最怕的，就是寂寞。但另一个角度，适度的寂寞是有好处的：寂而后定，定而后慧，独处令人能反观内心，不至于把思绪淹没在滔滔不绝的听与说上。还有，每个人都有自己的规划表，一生的、一年的、一天的，清静专注才能更有效地完成规划。

在大小事务上都强求步调一致，只是碎片社交。而把完整的时间打碎成片,像把珍贵的锦缎撕成布头,不觉得可惜吗?何必等再过十年八年,不得不悲叹:不被打扰的大块时间,好难找。

去年诺贝尔得主石黑一雄,他有一本书叫《被掩埋的巨人》。有一天,我女儿小年看到我在读这本书,很感兴趣,问我是讲什么的。她望文生义,以为与王尔德《巨人的花园》相仿。

我跟她说:"一对相爱的老夫妻,跋山涉水去找儿子。经过一个渡口,摆渡人告诉他们,对岸是一个岛,岛上有无穷无尽的人,但对于每个人来说,他都是自己孤身一人在岛上。"

小年说:"那就是'死'呀。"

我藏藏躲躲不想说的书上真意,被她针一样刺破。

我说:"……有个古老传说,如果夫妻非常相爱,就可以一起上岛。但他们到了渡口后,摆渡人说不能的,就算你们一起上岛,其实也是自己上的。"

我是否说得太拗口?相爱之人,但愿同生共死,即便如此,黄泉路上也再不会相见了。

我含糊地继续说:"……总之,摆渡人不让他们一起上岛,非要先送走一个再送走一个。"

小年理直气壮地说:"对呀,再相爱,也得一个人去死呀。"她想一想,再举一例,"就像我们同学约着上厕所,还不是你上你的,她上她的。"

或者,小年的话可以完美地回答这个初二女生的困惑:

在世一场,生,自己生,死,自己死,而来去之间的漫漫人生路,也是自己一个人在走呀。

精彩赏析

本文以一个初二女生的问题为引子，以作者的自身经历为例子，探讨了人与人之间的相处和独处，表达了作者对于适度寂寞的看法。从写作的角度来看，文章采用了朴实无华的语言，结构简明清晰，情感真挚自然。作者用一种平和的口吻，向读者传递了生活的哲理和积极向上的人生态度。从意境来看，文章通过富有画面感的细节描写，勾勒出一个充满生机和活力的校园生活场景，同时在人际关系和独处之间做了一个巧妙的对比，让读者深入思考自己与他人相处的方式和自己的内心世界。总的来说，这篇散文是一篇优秀的作品，值得读者细细品味。

与爱情无关的情人节玫瑰

● 心灵寄语

> 我们应该珍惜身边的人和事,感受生命中的每一个瞬间,让我们的内心充满爱和关怀,让我们的生命变得更加美好和有意义。

一生中第一朵玫瑰,与爱情无关。

那是二月的一天,季候犹自在春与冬之间徘徊,拥挤不堪的公共汽车里,我好不容易抢到一个座位。我的身边,站着一个男孩,抱着一束红玫瑰。

他把花束高高地举着,在挨挨挤挤的人头间力求一线之地。车开得跌跌撞撞,他便一直摇摇晃晃。有人推他一把,有人瞪他一眼,他就不断地向人道:"对不起。"

看他的年纪应该是学生,他为什么不搭出租车呢?莫非这一束花已经用去了他全部的积蓄?全部的,一点一滴积蓄起来的梦想。

窗外,流过灰蒙蒙的街景,有一阵一阵冷风从破了的车窗里刮进来。车厢里,全是脸色冷漠,急匆匆上班上学的人。这样的天气、这样的城市,实在不是一束玫瑰的安身之处,而那束玫瑰偏偏那么红。

玫瑰灼灼的颜色映红了男孩稚气的脸。他的神色是焦急的，而当他抬头看看手中的花束，柔情像流水一般掠过他的脸。他想到了什么？

是那个正在等待的女孩吗？女孩有没有玫瑰色的面颊，接过玫瑰的时候，又会有怎样闪亮的眼睛？她是不是也像年少时的我，用整个青春来等待爱情？

车陡地一停，男孩一个趔趄，花束撞在铁栏杆上，每一朵花簌簌急摇，他来不及站稳就慌乱地验看，发现它们安然无恙，松一口气。他脸上种种温柔牵痛的神气，让我心中一动，我说："你把花给我，我帮你拿吧。"

他吃了一惊，转头来看我，犹豫了一下，终于把花束交给我。

我双手环抱着玫瑰，尽量地小心翼翼。男孩身体可以站直了，却还是紧张，用背抵挡着整个车厢的压力，不转睛地盯着花束，身体微微张开，仿佛随时准备扑上来护持。我向他笑笑，示意让他放松，他脸一红，很腼腆的样子。

捧着这一束玫瑰，忽然有一种奇异的感觉，好像它们是送给我的。我不由得想起许多往事，轻轻叹口气，男孩看我一眼，仿佛全明白。

我们仍是两个陌生人，没有前因也没有后果，只有这一刻的默契，却仿佛已经足够了，让我们自然而然地组成一个整体，共同守护着一个完整的初恋故事。

我到站了，站起身，把花束和座位一起给他，欲走。他突然说："等一等。"我转身，一朵红玫瑰，轻轻递到我手中。我不由呆住了："给我？"

他的笑容是羞怯的又是真挚的："今天是情人节，祝你情人节快乐。"

忽然之间，世界变了，我们不再是陌生人，而这样的天气这样的城市变得非常非常之适合这一朵玫瑰。

一路上，握着这一朵花，好像全世界的爱与关怀都在我手上，我快乐得像要飞起来。

春天，在这一瞬落地生根。

一点点人与人之间的善意，有如花籽，在心田上播撒，竟会绽放出如此美丽恍如生命的花，谁说这世上没有点石成金的奇迹？

与爱情无关的第一朵玫瑰，却是我一生中最美好的情人节玫瑰。

精彩赏析

这篇散文描写了一位男孩在拥挤的公共汽车上守护一束红玫瑰的故事。作者通过对男孩神情、动作的描写，以及对环境的描述，不仅表达了这束红玫瑰在那样的天气和城市中显得格外红艳，也表达出这样的爱情显得格外珍贵。作者又以得到男孩的红玫瑰作结，表达了人与人之间的善意竟会绽放出如此美丽恍如生命的花。整篇散文描写细腻、情感真挚、富有想象力，让读者感受到了爱情在生活中的美好和珍贵，同时也表达了对人与人之间善意的赞美和感恩。

廿年迟

心灵寄语

> 那些默默为我们付出的人，需要我们用心去体察、用心去感恩。或许，只有当我们懂得了感恩，才能更好地感受到这个世界的美好和温情。

有一件小事，竟然过去二十多年，我才写下。

1997年武汉还是个大集镇，私家车不多，行人没什么红绿灯的概念，一通乱走，公交车就在这混乱人海里开得轰轰烈烈，推土机一样所向披靡。

车站在那里呀，但是常常的，司机大喊一声："有没得人下车？"无人回应，站上无人候车，公交车就不管不顾开过去了。反过来，车走在半道上，有人想下车，就大喊："师傅带一脚。"——踩一脚刹车的意思。如果正好有几个人，齐声大喊，人多力量大，更加理直气壮，车多半就真的会停，让他们下车。从没人觉得这是不合理的事。

从我家小区门口到车站，有半站路。一次，孕后期的大姐挺着大肚子快走到门口了，一眼看到公车，她拼命招手，另一手搭在肚子上，以孕妇能实现的最高速度龟速狂奔——奇怪，这一次，公车居然不理她，开过去了。

\ 试卷上的作家

她气都喘不匀了,赶到马路上一看:原来有警察正在管理交通。孕妇脾气大,她竟然劈头就吼警察!"你们搞什么鬼,害我赶不上公车!我这大个肚子跑不快,到单位要罚钱的。"吼完了自己也觉得:呀,不太妥呀。

警察上下看她几眼,没作声,举起手中的对讲机,不知道说了句什么,无声地开来辆巡逻车。她心一紧:不至于吧?

警察说:"我捎你到车站。"

自始至终没有一个笑容,没有说第二句话。下车后她连连道谢,警察连眉毛也不动一下。

她说:"那警察年纪还小,都不像结了婚有老婆的样子……"

我们从小就知道,警察应该是钢铁一般毫不动容的人,但对生命的传承,每个人都有所温柔。

这温柔常常被隐藏得很深,就像躲在叶子里的桂花,你看不见,直到嗅到那动人的香。

我为何在这么多年后,才想起这件事?

附近的路都算是新路,小树种了几年也不成荫——为何不种大叶子的法国梧桐呢?盛夏时节,走在路上,就是无盔无甲穿行在阳光的枪林弹雨里,我心里抱怨着。

但这个秋天,桂香来得特别浓。我定睛一看,啊,原来这些长得比我高不了多少的小树是桂花,累累垂垂的金花银蕊,俯拾皆是。

无人采撷,它们有时候就自己落下来,一地碎金,看得人很心疼,是"丰年好大雪,珍珠如土金如铁"。

而那香,从来没这么浓过,立体的、固定的,一片香的森林,一座香的城堡。

忽然间,我满心都是感激,感激这秋日正好,感激默默长了这么些年的桂树,感激此身长在,感官仍有。正正好,我赶上了它们第一年的芳香。

感激，就像很多年我的姐姐对那位警察，就像我对帮助过我、我的家人的每一个人。非常偶然，我看到了今年的桂树，有声有色地领会它的芳香。但许多许多年来，多少美好的善都没在层层叠叠的绿叶间，你看不到它，只是整条街都浸在它的浓香如酒里。

当年的我，太年轻，不懂这看不见的美好。

等我懂，已经二十年过去。

是，你猜得没错，我也已经怀孕生子，一个人跨过艰难的生死之门。

这一路上多少双手扶过我们、搀过我们、帮过我们，就像要有多少碎粒的桂花才能有此刻浓得睁不开眼的香。

桂花季节很快过去，怀胎不过十月，孩子的长大如一阵风那么快。但有些东西，不能忘记。就像不能忘记这是一条种满桂树的街，就像不能忘记那些给过我们恩惠的人。

精彩赏析

　　这篇散文有着浓郁的文学气息，以细腻的笔触描绘了生活中的温馨瞬间，让人产生共鸣。作者通过讲述城市中的点滴细节——警察助人、桂花飘香，表达了对警察、桂花以及生命的敬畏之情，生命的温暖和感恩之情贯穿全文。同时，作者巧妙地将散文的题目和故事发生的时间联系起来，强调了故事时间的同时，告诉我们要用心体察周围的点滴小事，珍惜与感恩那些曾帮助或带给我们温情的人和事物。总之，这篇散文在表现手法、意境营造等方面都达到了较高的水准，是一篇优秀的散文佳作。

时光沙漠

● **心灵寄语**

> 人生中有很多美好的瞬间，就像水晶一样在我们心中闪耀，但生活的利器和棱角终会将它们磨损。

我曾对他们投去轻蔑的一瞥。

是多年前，在小三峡。大宁河水清清如茵，船只驶过后的水面，浪花涌动，波光粼粼，是风中不断抖动的大幅丝绸。两岸苍翠欲滴的山，缓缓围拢，仿佛近在咫尺，伸手便可以触及。而在山的最高处，有我从没见过的最干净最高远的天空。

这样的水色山色天色，让大二女生简单的心，分秒必争地蓄满了山的青和水的秀，心里的震动，一直一直地波光潋滟。

然而回头间我发现，同船的大部分旅客都睡着了。水光阳光的阴影在他们的脸上交织，他们睡得莫知莫觉，好像他们高额的旅游费用就是用来睡觉的。

不懂得那些熟睡的脸孔，不明白如此的美色当前，怎么竟会有人无动于衷，因而不解里便包含了鄙夷，想：有些人或许天生对美没有感觉，他们的灵魂迟钝。

几年后，一个夏天，很偶然的机会，我去了毛乌素沙漠，最后几天，宣布要到一个叫红碱淖的地方。

淖：是蒙古语中湖的意思；碱：表示水质含碱；红：晚霞中湖水的颜色吧。红碱淖，便是一个沙漠中的大湖。

初听时便是无法出声的惊奇：沙漠与水的距离，应该是比天堂与地狱的距离更远的吧；沙漠中的湖泊，也应该比患难中的爱情更为弥足珍贵的吧。我听见自己心里无法抗拒的渴望。

便去了。穿过沙漠，到处都是深坑和巨大的裂缝，仿佛曾经天崩地裂留下的遗迹。面包车躲着这些坑，找最像路的地方走。一路颠簸，卷起漫天的沙尘，窗外是高原上格外毒辣炽热的阳光，劈头盖脸地射过来。我整整坐了一天的车，满身满脸的灰沙，疲倦到了极点。然而想着那湖，想象着它如深闺女子的寂寞与华美，觉得任何代价都是值得的。

那湖，是真的美丽。

我们到达的时候是黄昏。夕阳西下，风起云动，满天彩霞倒映在湖水里，仿佛半个湖都在燃烧变幻，而另外半个湖却仍是海的安静蔚蓝——红碱淖，竟是出乎意料地大，一眼望不到尽头。当我走向湖边，金色的细砂摩着我的足心，咸而湿润的风掠过我凝结了沙块的发。在我的面前，静静呈现的，是海一样广大的红碱淖，而我的背后，依然是落寞的黄沙。

我明明确知这是大自然的神迹；我明明清楚第二天就要离去，也许这就是一生中的唯一，与红碱淖有一面之缘；我明明被它的美丽深深撼动——但是坐在湖边，跋涉的疲倦席卷而来，我努力睁大眼睛，却仍然不可抗拒地睡着了。

等我惊醒的时候天当然已经黑了。就在我后悔不迭，而且极其自责的时候，我突然想起了多年前，在小三峡的船上，我曾经对那些睡着了的游客投去怎样的眼光。

并不是红碱淖的美远逊于小三峡，只是当年的我和今天的我已经隔了四年的时光。时光，将当年心中充满爱和美的幻想的大学女生，变成了一个最平凡的女人。

年轻时代的心，是水晶做的。只要一点点光的照耀，就可以立即折射出万道瑰丽的七彩光环。可是那样的心，在生活里到处遇到的都是利器和棱角，即使不至于破碎，也渐渐地布满擦伤的痕迹，被磨得起毛，永远失去了它的晶莹。

童年时心爱的游戏、少年时朦胧的心跳、被第一朵玫瑰点缀过的青春，所有单纯快乐的喜悦，不都是这样被我们遗忘在时光的背后，再也不能捡拾吗？而即使一切可以重来，又要到时间的哪个角落才能找回那个打了一个学期工攒路费，甘心吃一路方便面却仍然心中喜悦，被美深深蛊惑的女孩呢？

所以注定了错失。

入夜的红碱淖有深紫柔软的天空。面对着那大片模糊的湖水，我不能不知道，今生今世，再也不能有当年初遇小三峡的心动。就好像，人的一生，只能有一次最初的恋情。

夜越来越深了，我起身回房，路上听见遥远的地方有风的声音，那是从沙漠里传来的吧。而我却陡然看到，那荒凉的，时光的沙漠。

精彩赏析

　　从小三峡到红碱淖，作者借助自然的景观来表达自己的情感，将自己和外界融为一体，抒发对自然、对生命、对美的向往和追求。同时，作者也意识到自己在成长、在生活中的种种变化和失落，让读者感受到了岁月对人生的塑造和影响。整篇文章意境高远，文笔细腻，富有感情色彩，深深吸引着读者探寻其中的内涵。

吃不得也《诗经》

🌸 **心灵寄语**

> 每一道味道独特的食物，都能够勾起我们内心深处的回忆和情感，将我们带回到那些特殊的时刻和地点。

忽然地，吃到了荠菜春卷。

来不及回忆旧时滋味，或者感知春之色香，只是大口大口、几乎贪婪地吃，脆金在我嘴里碎去，满是荠的清鲜。

我的心不在这里，我的心在长江之南——但我的身体，活生生地在这里，连吃到熟悉的荠菜滋味，都是平地一声雷的震动。蓦地想起"谁谓荼苦，其甘如荠"，一阵心酸。

其实荠菜并不甜。黄瓜、冬瓜、大小白菜，都有清甜，荠菜却鲜而微涩。是古人的味觉与我们不同吗？还是，他们原不了解甜？

唐代，我们才快马加鞭，从西域学来了蔗糖。那之前是麦芽糖，缠绵到现在，是半透明软纸包的"高粱饴"或者包装粗陋的"关东糖"。《诗经》有云："堇荼如饴。"堇和荼，都是苦菜，从何"如饴"，是穷酸文人吃不起饴，胡乱拼凑文字吧？汉代马太后呵斥帝子，最后道："等天下太平你掌大权，我就含饴弄孙不管事了。"——有口糖吃是皇家的特权。是否为此，民间的"甘之如饴"总非常酷烈：为你，我爱冷风吹而甘之如饴；为国，我碎尸万段而甘之如饴。原始的堇荼味道，成为全民族的记忆。

自然，我们有最简单的甜：蜂蜜。

然而在那个贸易不发达的时代，也只有很少很少的人有机会吃到吧。

酸甜苦辣咸，五味，是所有滋味的三原色。《诗经》中的窈窕淑女们，吃得到吗？

他们有咸。西施的情人陶朱公就是盐贩，人不分南北，都要依赖盐才能生存。但有没有，陶朱公去不了的地界？孙犁在《风云初记》里记过这样一个山谷："道路两旁出现了很多人家，人家的门口和道路之间都有一条小溪哗哗地流着。又有很多细小的瀑布从山上面、房顶上面流下来，一齐流到山底那个大水潭里去。人们在这里行走，四面叫水、叫树木包围，真不知道水和绿色是从天上来的、四边来的，还是从下面那深得像井底似的、水面上不断窜着水花和布满浮萍的池子里涌上来的。"——这比较适合《魔戒》里精灵们居住，却是河北山区的贫苦人家。

全人类都已卷入了战争，他们知道抗日却还是不久以前的事，是一个干部路过时候告诉大家的。而那个干部，是唯一到过这个山庄的外路人。——没有小商小贩，如何度过无盐的日子？

或者，像极饥渴的兽寻找微咸的植物，贪婪地用舌刮擦；或者，当盐碱地泛起白霜，用小刀去取下来，那咸极涩肠，多喝几杯水还会起泡泡。如果1938年，还有中国人这样生活，又何必问两千多年前的《诗经》时代。

《诗经》里没有辣，连《随园食单》里也是，"如吃辣，用小胡椒十二颗、葱花十二段"。这只好称为辣的蚊量级，还没到达我味蕾的阈值。明代的《随园食单》：虾米煎豆腐、鸡汁豆腐、豆豉豆腐、八宝豆腐……一顿豆腐宴吃下来，嘴里什么虎狼之兽全淡出来。我倒很想毛遂自荐，贡献一道麻婆豆腐——但辣椒，还没踏上中国国土呢。这外来的，极霸道的滋味，将会统治中国的半壁菜单。如人子，那行走在地上的神，他来之前，他不在乎，让花椒、姜，以及遍插茱萸少一人的茱萸等等偶像，来安慰我们寂寞的舌尖。

最不缺的滋味，一定是苦。中国人，从来最懂得什么是吃苦，"硕鼠硕鼠，无食我黍"，就是最沉痛最辛苦的呼吁了。

这样说来，《诗经》是一本吃不得的书，实在五味寡淡，连醋都不曾发明，据说调酸要用梅汁。所以《摽有梅》，采了一大筐梅子，女孩子可以泛酸了，男人赶快来追吧。

咦，这倒是十分有诱惑力的配方。下次再烧糖醋排骨，我就用盐津辣梅条，一定别有一番风味。

精彩赏析

文章以荠菜春卷为线索，将作者对荠菜、对中国传统滋味的思考描绘得十分生动。作者借《诗经》阐述各种滋味，对甜、咸、苦等不同滋味的探讨，深入挖掘了中国古代的饮食文化，以及人类对味觉的认知。同时，"《诗经》是一本吃不得的书"一句与文章标题相呼应，突出文章中心。整篇散文意境优美，语言流畅，展现了作者深刻的文化素养和思考深度。

▶预测演练三

1. 阅读《人行道之茧》,回答下列问题。(10分)

(1)结合具体语境,解释句中加点的词语。(2分)

他以自身的光怪陆离,将世界与他隔开来……

光怪陆离:＿＿＿＿＿＿＿＿＿＿＿＿＿＿

(2)阅读全文,谈谈你对文章题目的理解。(3分)

＿＿＿＿＿＿＿＿＿＿＿＿＿＿＿＿＿＿＿＿

＿＿＿＿＿＿＿＿＿＿＿＿＿＿＿＿＿＿＿＿

(3)联系上下文,分析"难道有人睡在这儿,十一月,午夜,室外露天水泥地上?"(3分)

＿＿＿＿＿＿＿＿＿＿＿＿＿＿＿＿＿＿＿＿

＿＿＿＿＿＿＿＿＿＿＿＿＿＿＿＿＿＿＿＿

(4)联系上下文,如何理解文末"此心安处就是家。或者:心是主人,身是客"这句话的含义?(2分)

＿＿＿＿＿＿＿＿＿＿＿＿＿＿＿＿＿＿＿＿

＿＿＿＿＿＿＿＿＿＿＿＿＿＿＿＿＿＿＿＿

2. 阅读《我受苦受难的兄弟呀》,回答下列问题。(12分)

(1)文章着力叙写给马喂巧克力和马车逆行疾驰这两件事的意图是什么?(4分)

＿＿＿＿＿＿＿＿＿＿＿＿＿＿＿＿＿＿＿＿

＿＿＿＿＿＿＿＿＿＿＿＿＿＿＿＿＿＿＿＿

＿＿＿＿＿＿＿＿＿＿＿＿＿＿＿＿＿＿＿＿

（2）作者对马车进城现象持怎样的观点和态度？你是否认同作者的这种看法？请说说理由。（4分）

（3）本文原题为"马在走路"，你认为原来的题目和现在的题目哪一个更好一些？请说明理由。（4分）

3. 写作训练。（60分）

　　家乡是每个人心中念念不忘的最美的心灵家园，家乡的味道更是独一无二，不管你身居何处，家乡的味道都能让你流连，让你浮想联翩。

　　请以"留在记忆里的芬芳"为题，结合自己的生活体验，写一篇作文。

　　要求：①文体自选；②不得透露真实的地名、校名、人名等相关信息；③不少于600字。

鸡鸣三遍

🌸 **心灵寄语**

> 成功者与失败者的区别，往往不是更大的雄心壮志，或是更聪明的头脑，只在于他们多坚持了一刻。

  是怎样，从米的白、高粱的红、葡萄的紫里发现了酒的透明与清醇？

  传说：有两个人偶入仙境，神仙授他们以酿酒之法，叫他们选端阳那天饱满起来的米、冰雪初融时高山流泉的水，调和后，注入深幽无人处千年紫砂土铸成的陶瓮，再用初夏第一张看见朝阳的新荷覆紧，密闭七七四十九天，直到鸡叫三遍后方可启封。

  像每一个传说里的英雄一样，他们历尽千辛万苦，跋涉过千山万水，找齐了所有的材料，把梦想一起调和密封，然后潜心等待那注定的时刻。

  多么漫长的等待啊。漫漫长路的终点终于触手可及，第四十九天到了。两人整夜都不能寐，等着鸡鸣的声音。远远地，传来了第一声鸡鸣，过了很久很久，依稀响起了第二声，第三遍鸡鸣到底什么时候才会来？

  其中一个再也忍不住了，他拍开了他的陶瓮，惊呆了：里面的一汪水，像醋一样酸，仿佛中药一般苦，比所有的后悔加起来还不可挽回。他失望地，把它洒在了地上。

而另外一个，虽然欲望仿佛野火一般在他心里慢慢地烧，让他按捺不住想要伸手，他却还是咬着牙，坚持到了三遍鸡鸣响彻了天光。

多么甘甜清澈的酒啊！像芙蓉开满江面，像风帆在微风里轻驶，像全世界的女孩子都在微笑。

只是多等待了一遍鸡鸣而已，从此，酒与酒的区别，就只在那看似非常普通的一横。

而许多成功者，他们与失败者的区别，往往不是更大的雄心壮志，或是更聪明的头脑，只在于他们多坚持了一刻——有时是一年，有时是一天，有时，仅仅是一遍鸡鸣。

精彩赏析

这篇散文从叙事的角度出发，讲述了两个人酿酒的故事，引人入胜。故事中的两个人都经历了同样的等待，但一个人因为冲动而错失了美好的事物，而另一个人则因为坚持到底而获得了成功。另外，作者在散文中运用了丰富的比喻和描写手法，生动地描绘了酒的味道和感觉。整篇文章寓意深刻，引人深思。

只隔了一座假山

🌷 心灵寄语

> 有时候，我们的观点可能只是表面的，因为我们只看到了一个角度。或许，真相就在我们不曾注意到的地方。

单位大院里，前楼后楼之间，是一个小小的假山池塘。每逢初夏，水面上浮满一朵朵粉白如玉的睡莲，从办公室窗子看出去，仿佛织满白色花朵的锦缎。

看惯了，也不大在意。一天，与前楼的同事聊天说起，他诧异地看我："可是那是红睡莲啊。"我简直不相信自己的耳朵："怎么可能，是白的呀。"两人相持不下。

第二天上班前，我特意走近花池，初升稚气的阳光下，白莲静好如睡了一池的云——那位同事即使是色盲，也不会错得那么远吧？

我心里嘀咕着，不觉沿着花池绕了半圈，傻了：假山背后，那一朵朵盛开的，分明是血一样红、烛焰一般燃烧的红睡莲。我下意识地抬头看向自己的办公室，已被假山遮挡住了。

我与他都如此自信于自己的观点，因为是我们亲眼所见。只是为什么，每一天，当我们从遥远的窗口俯瞰的时候，我们两个人都不曾想过，要向前几步，绕过假山去看一看呢？

真相与荒谬之间，可远可近，最近的距离是：只隔了一座假山；但最远的距离也是：只隔了一座假山。

精彩赏析

这篇文章以一个看似平凡的小故事，引出了深刻的思考。作者通过描述同事和自己对花池里睡莲颜色的争论，探讨了人们对于真相的认知和理解的局限性。文中的"假山"被巧妙地运用，既是景物，又是象征，让读者看到了人们对于事物的认知存在的局限性，以及在现实生活中，我们常常只看到表象，而忽略了背后的真相。散文的语言简洁明了，意境与哲理相得益彰，给人以启迪和思考。

悬崖上的红莓果

● 心灵寄语

> 成功并不是终点,而是在不断攀登的途中。在攀登的过程中,我们需要勇气、智慧、渴望、准备和毅力。只有不断努力,才能在最终的目的地,摘下属于自己的甜美果实。

他仿佛是天生的失败者,求学、创业、觅职,他从来没做成过一件事。胸中万千梦想,都只是七彩的肥皂泡,一一破裂。

那年春天他的失意到达顶点,有人告诉他:在深山云深不知处,有一位高僧掌握人间成功的秘诀。

他滔滔不绝地倾吐着自己的痛楚,高僧却只漫不经心抬手:"那边悬崖上有一丛野果,你去给我采下来,我便告诉你该如何得到你的想要。"

山并不高,却极其陡峭,悬崖冰冷伫立,青苔滑腻,那小红灯笼似的莓果,看去仿佛可望而不可即。

他不禁望而生畏,脱口而出:"我怎么爬得上去呢?"但高僧已瞑目合十,不再理会。

他在悬崖下冥思苦想,始终想不出好办法,不由心烦意乱。他想,或许高僧是骗人的吧,干脆算了,却又明知,这是自己最后的机会。

他沉定心思,回去买来地图,对整座山认真研究,发现它的南面比较平坦,是最佳的途径。他参加了爬山学习班,购置了登山器械,信心十足地开始攀爬——还不到三分之一,他便已力竭而返。

抚着自己酸痛的四肢,他想到放弃,却在朦胧月色里,依稀看见远处的红莓果。

他每天更积极地锻炼身体,加大运动量,又向名师请教自己错在何处,第二次向顶峰发起攀登。

失败仍仿佛不可避免,他心中却再没有沮丧与愁苦,因为这一次,他离山头已不过几步之遥。

终于在第三次,他掌中盈满红莓果的娇嫩与芳香。他急切地问:"大师,现在你可以告诉我成功的秘诀了吧?"

高僧只将红莓果纳入口中,微笑:"很甜。"然后反问,"咦,你不是已经成功了吗?"

是高僧在问吗?还是他自己心底的声音?这世上哪里有什么成功,会比悬崖上的红莓果更难以采撷?而他所凭借的,无非便是勇敢、智慧、心中的渴望、充足的准备,以及必须的、对未来的锲而不舍。

而历尽艰险得来的果实,就如悬崖上的红莓果,有格外的甘甜与芬芳。

一定是红红的,一定是圆圆的。

精彩赏析

　　这篇散文从一个失败者的角度出发，以悬崖上的红莓果为线索，讲述了他摘得红莓果的过程中所经历的挫折和艰辛，以此强调成功需要付出艰辛和不懈的努力，同时也呼吁人们要勇敢面对挫折和困难，坚定信心，迎接未来。将悬崖上的红莓果比喻成功，告诉读者成功需要勇气、智慧、准备和毅力等多种因素的共同作用。作者的语言简洁明了，富有感染力，给人以鼓舞和启示，让人对未来充满信心。

长江旁边有条河

🌸 心灵寄语

> 人生就像汉江，奔腾不息，流经千里沃野，注定给一方土地带来生机。虽然它的身影在长江旁显得微不足道，但它却有着自己独特的价值与使命。

表妹从河南来，在武汉三镇玩了几天后，突然问我："长江旁边的那条小河叫什么名字？"

我很诧异："小河？"

她比画着："就是刚过大桥没多久，车子一拐弯，就看到一条小河，河里也有很多船来来往往的。"

我越发糊涂，想了很久才大叫一声："天，那是汉江啊。"

表妹在我们的哄笑声中低下头去，不好意思地嘟囔："可是，怎么感觉上好像比白河还要小？"

不久后我有事过汉口，经过大江的万里烟波后，车行汉水桥。一低头间，我惊奇地发现，在我脚下，那美丽清澈的汉江，竟仿佛真的是一条小河。

顷刻间，我震骇于视觉的无情。

汉江明明是长江第一大支流，流经三省，它的长度与流量都远远超过松花江、嫩江、海河等。它更不可能比白河更小，因为白河乃是它的支流。然而，当它的身侧，有那样一条无比巨大、无比浩瀚的长江时，它又怎么可能看上去不像一条小河？

是否有一种人生就像汉江？同样奔腾不息，同样流经千里沃野，也同样给一方土地带来生机，无数人家依水草而居，却注定，他们的涨落与潮声向来少人知悉，只因为他们与长江相遇。

奥运会上的亚军、领袖周围的智囊团……也许包括了世上的芸芸众生，每一个平凡的人。我们都有着小小的建树和成就，却仿佛正午时分掠过的流星雨，所有金色的光芒都被太阳遮没。

我们的遗憾是汉江的遗憾，然而我们的骄傲，却也就是汉江的骄傲吧。

因为长江的源头，也不过是涓涓细流，之所以能以万顷波涛入海，是因为一路上，不断有金沙江、嘉陵江、洞庭湖、汉江……的加入，将所有的清流与浊浪交付。而又有哪一桩伟业，不需要无数双手的参与？仿佛大厦内部沉默坚实的钢筋水泥，也仿佛以涓滴之水汇成万里长江。

有谁，可以轻忽任何一条小河，只为了它的细弱与清浅？它可以骄傲地回答："我将为长江添一瓢水，而这土地上所有的江河，终将在大海里汇合，融为一体。"

精彩赏析

这篇散文用简短的对话引入，随后通过生动的描写，以及作者自己的体验向读者展示了汉江的美丽和它的伟大。作者巧妙地将汉江比喻为人生，表达了对生命的敬畏和对每个人的肯定。文章的语言简练，意境深远，整篇文章充满了对生命的热爱和对未来的信心。

因为慈悲所以冷酷

🌷 心灵寄语

> 生命中有一些规则是不能冒犯的，如同不可碰触火或电。只有经过这般重创，才能慢慢学会，世间有一些基本规则，永远不要试图冒犯。

去年暑假，有学生到公司实习，三五次叮嘱必须着装整齐，竟还有男生穿了T恤短裤来。我一皱眉喝道："回去换了再来。"

男孩惊得退了两步，又迈前一步，嗫嚅道："前天把衣服都泡在洗衣粉里了，昨天忘洗了……"眼神委屈惊惶，如"小老鼠，上灯台，唉哟唉哟下不来"，分明还是个孩子，我不由得心软，挥挥手："明天不许了。"

我就这样认识了小鲸。

小鲸五官清秀，笑起来有小小的妩媚，叫他做事时，应得快，飞身前去，雪白衬衣下摆扬起如鸟翼。那是我们都曾有过的，白鸟青春。电脑也玩得极好，偶尔公司电脑出点儿小故障，他三把两把就摆平了。我一向都喜欢聪明孩子，故而对他，格外纵容。

那时业务正忙，所有实习生都被分派去做市场调查，再交回答卷。小鲸的那一份，我看出了破绽："你别忙着走，我有话说。"

我正思量措辞，他已急急认错："对不起今天太热，我中午觉得头晕目眩，一定是中暑了，我就到一个朋友那里躺了一下……"

听得见窗外，热空气流动的嘶嘶声，如此酷暑，对这批未出茅庐的少年，我会不会太严厉了？而小鲸，有着一张令人不忍深责的脸。我说："以后有突发情况向我说明，不能再这样了。"

实习结束后，小鲸有时还会过来玩，用一下宽带，也顺便蹭一顿午饭。有一次，他起身，一拍口袋惊呼："呀，我的钱丢在那件衣服里了。我要去电脑城买软件的。你借我一点儿好吗？"我笑骂："冒失鬼。"顺手给他三百块钱。

不久之后，我家里电脑老出故障，我想到小鲸，打过去，手机号码是空的。我隐隐想起，向我借钱那次，是小鲸最后一次来公司。

不能，也不愿往坏处想。我找到小鲸的同学，请他们转告，但一直没收到回电。又要到他的新手机号码，用办公室电话打过去，响了一声就断了。我心中不甘不愿，如同无端遭弃的女子，又用公用电话打，通了。我问："是小鲸吗？"转瞬挂断。

入秋了，回去路上，踩着雨后微湿的黄叶，泥斑溅在我裤脚上，我内里有一种难以形容的痛楚。三百元，我损失得起，只是，我一向宠他若弟，怜他如子。

欠债不还的人，多的是。见过无耻的嘴脸："你还能杀了我？"我当下只微笑，不屈不挠缠斗到底，终于拿回全款。

我却不能如此对待小鲸，我相信他不是有意，只是年轻爱玩，老筹措不出来，便躲——其实我，根本没有追他还钱的意思。

偶尔办公室里也会提起："小鲸好久没来了。"我只是缄口不言。

却没想到，小鲸忽然来找我，双手递上信封："不好意思拖了这么久，前段时间复习太紧了。"秋冬日子，小鲸脸冻得红扑扑的，如新出炉的烤红薯。

我淡淡地，等他开口。原来他要考研究生，报考的老师曾是我的导师，他来问我，能否帮他跟老师联系上。我一言不发，只把信封搁在桌上，忽然懂得何谓如释重负。我还记得，夏天的小鲸，从外面回来时，挥汗如雨的脸孔，如向日葵热烈健康。

到底还是年轻，小鲸脸红了："对不起，我不是有意的，我谈了一个女朋友，老是没有钱，对不起……"哀恳的眼神，如偷吃了糖果的小孩，站在佯装生气的大人面前。

而大人们是不是这样教的呢：做错事不要紧，只要肯认错就行。

暮色降落，悄悄袭击我裙与靴之间。愈来愈冷。我说："对不起，这件事我真的帮不上你。"转身走开。

我还是喜欢他的，所以，更加不能原谅。这原谅是放纵，会成为一个允诺，引诱他犯下另一次的错。那另一次，是否会更严重，更不可饶恕？

可以感觉到，背后他失落的眼神，我的拒绝是残酷的。或许，只有经过这般重创，小鲸才能慢慢学会，世间有一些基本规则，永远不要试图冒犯，如不可碰触火，或者电。

呼吸着清寒的初冬空气，武汉是难得有雪的。刚刚收到的邮件上，朋友写道："北京今天下了入冬的第一场雪，不大，却纷纷扬扬落了一整天。没有雪，北京的冬天缺了许多景致，西山晴雪也就无法入围燕京八景了。"

雪的冰冷，原是大地最温暖的覆盖，而我，因为慈悲，所以，不得不冷酷。

精彩赏析

这篇散文表现了作者对一个年轻人的宠爱与失望，以及对年轻人成长的思考和期待。作者通过小鲸的故事，表现了年轻人的天真、冲动和过错，同时也体现了年轻人的成长、反思和改变。这篇散文的语言简洁明了，情感真挚，通过细节和对话的描写，让读者深入感受到了故事的真实性和情感的共鸣。整篇文章没有明确的结论和道德标准，而是以一种开放的态度，引导读者思考和感悟。从写作、意境等多个角度来看，这篇散文都表现得非常优秀。

捷径，是更漫长的道路

心灵寄语

生活的道路漫漫而修远，没有一步登天的捷径。成功需要下笨功夫的决心和实践。即使选择了捷径，所绕过的弯道、所偷过的懒，最终也会在时间银行里计本算利，让我们一夜交清欠债、利息和滞纳金。愿我们都能够勇敢面对生活中的挑战，努力付出，走出自己的成功之路。

他从小就过两个生日，一个是八月底，另一个是九月中。到他大到懂得问，妈妈笑着说："暑假里不方便请同学吃蛋糕呀，八月是和爸妈过的生日，九月是和同学过的生日。"再过一两年，这答案变成："一个是阳历生日，一个是阴历生日。"到他发现阴历生日不能每年都在同样日子，妈妈又改了版本："处女座不好，洁癖、龟毛——你不想当狮子吗？多霸气。"

不知道几时起，他知道了答案：为了让他早一年上学，爸妈想办法改了他的出生日期。他们说："凡事赶早不赶晚，宁抢一秒，不等三分。早上学早就业，连娶媳妇抱孙子都比人家早。"

但有些事，注定是"起个大早赶个晚集"。他向来是全班最矮的那个，每年达标运动会都是噩梦，标准年年提高，他费尽全力，总离及格有一线之遥——就像他的生日,离 9 月 1 日也只差不到二十天。学习成绩一直吊车尾,听老师讲课总是云里雾里,一放学就去补习班,在车上吃晚饭,补习班下课后都很晚了,他经常抱着书包就在爸妈车上呼呼睡着了。睡眠不足影响身高,他长得又矮又瘦,有一年医生直接判了营养不良,吓得他爸妈拖着他就去看儿童发展科。幸好他到底长到了 175 厘米,才没成为全家人的遗憾。

他开玩笑:"我改出生证赚回来的一年时间,都花在去补习班的路上了。"

那时,爸妈就经常吵架:"没事儿改什么出生证,这不是拔苗助长吗?违背自然规律!"现在这么清醒,到底当初是谁出的这个主意?两个人都不承认是自己。

跌跌撞撞到了高中,家里想办法送他去了本城最好的学校,他成绩不好不坏,老师下的结论是:发挥正常,就是普通一本,985 可以考虑冲一下。

爸妈可不这么想,拍着他的肩膀:"清北人师,你选哪个?"是他想选就能选的吗?爸妈给他安排的捷径是:自主招生。

先神通广大,在全国级刊物上发表了两篇论文:"……当然不是我写的,我都看不懂,但我同学也这么干。"再请学校为他出了一张非常漂亮的成绩单。他的近亲里有位"大牛",特地在新著里加上他的名字,又为他写了推荐函,把他夸得天上有地下无。那推荐函,他读了一遍又一遍,一阵清楚又一阵迷糊:"那是我吗?"

获得名校"自主招生入选资格"的时候,他松了一大口气,他可以比其他同学少考二三十分了。勤奋的所有敌人里,心猿意马最难抵挡。最背水一战的临考前夕,他却忍不住隔一会儿就刷一下手机,他一边自责一边安慰自己:反正,名校已经十拿九稳。

九稳?还有一不稳呢。

\ 试卷上的作家

  高考第一科,他下笔就不顺——会不会直接就用掉那二三十分?越惊慌越答不出来,铃响的时候,他脑海一片空白。心态垮得像扑倒的积木,后面几科,全军覆没。所有准备都是白做的,他的分数完全够不上自主招生的门槛。

  捷径的尽头,雾气散去,他看见了"此路不通"的路牌——是安心读一所双非的普通二本,还是狠狠心去复读?他想哀号:人家还小,人家还是未成年,人家不想决策——但人生的结,岂是卖个萌就能解开。

  何以至此?他不懂。

  我说:我也不懂。但我有一个朋友,有一年知道我在学开车,教我金科玉律:摆你面前的如果有两条路,一条缓慢行驶的大路,一条畅通无阻的小路,那么,选大路。

  我大惊:为什么?难道不应该走少有人走的道路吗?

  他说:很简单。大路是不会真正被堵死的,不管出了什么事,会有交警来指挥、会有各种措施保证主干道的顺畅。但小路一旦发生交通事故,有车追尾,临时路障,就可能毫不客气地直接堵死。你叫天不应叫地不灵,只能在凝固的车流里看夕阳。

  我的朋友不是哲学家,我却从中听出了隐喻:生活本身亦是如此。大路朝天,万车奔腾,要按部就班,就是一生望人项背,肺里全是人家排出来的废气;要越众而出,必需十足的马力、眼疾手快、高超的技巧,又实在困难。这时候,如果看到旁边有一条人迹稀少的小路,很少有人能抗拒这诱惑。尤其是,多的是人,在这小路上捷足先登,他们在终点笑得很开心。为什么你不能是这些人?

  唯一的问题就是,小路的规则说变就变,也很难预料会发生什么,也许你刚踏入,它的交通中断了。你还前途未卜,就已然没有退路了。

人为何要走捷径？无非一是急功近利；二是好吃懒做。而任何事想要成功，也不过两条，一是承认道路漫漫且修远，不可一步登天；二是有下笨功夫的决心和实践。

想减肥？别指望二十一天瘦一圈，你非得一口一口少吃、一点一点多运动。

想考托福？别相信"轻松学习"的公众号宣传，那都是"智商税"，你就得一个单词一个音标地过关。

我对他说："人到中年，我渐渐发现，所有我绕过的弯道，所有我偷过的懒，都不曾消失，它们只是默默存在时间银行里，计本算利，然后自自然然出现，让我一夜交清欠债、利息和滞纳金……"

捷径是更漫长的道路，这是每个成年人都懂得的事，但愿你不必吃很多苦就能懂。

精彩赏析

这篇散文非常流畅，语言简洁明了，让人容易理解。作者通过描写一个人的成长经历，带领读者思考什么是成功，以及取得成功需要付出的努力和时间。同时，作者巧妙地运用了比喻和隐喻，让读者更深刻地理解故事背后的含义。整篇文章传达出深刻的思考和感悟，让人读后回味无穷。总体来说，这是一篇优秀的散文，很好地展现了作者的写作功底和思考深度。

智慧来自双手

● 心灵寄语

> 不要害怕动手尝试，不要害怕犯错。只有通过不断尝试和摸索，才能不断成长和进步。所以，让我们把书本知识和实践技能结合起来，努力成为一个有智慧、有技能、有爱心的人。

　　那年冬天，零下二三十度，我在瑞典的基律纳看极光。积雪三尺，全靠不灭的烛光画出道路。吃力地在雪中跋涉，林间处处都是小木屋，好客的主人延我们入内：灯色橙柔，壁炉里火焰熊熊——我确认了好几次，那是真的柴火，真的火焰，真的松脂香。围着壁炉喝一杯酒，玩手机，举头看向窗外：皑皑白雪让每一座建筑都庄严，每一片山脉都温柔。身边的华人导游告诉我：电影《冰雪奇缘》就是在这里取的景。

　　我对小木屋赞不绝口，华人导游却口气平淡：在瑞典，每个男人都能亲手建造一座小木屋。只有掌握这技能的男生，才能中学毕业。

　　坐火车返回斯德哥尔摩的路上，铁轨两侧是大片的黑森林，各式各样的小木屋或隐或现：有些是粗大的圆木，有些却是细巧的枝条，有些简洁豪放，有些却俏丽婉约，一看就有个心思慧巧的女主人。

我迷惑地问:"这些真的都是自己盖的吗?"

导游肯定地告诉我:"是的。"

每个国家对合格人才的标准是不一样的。中国人讲的是修身齐家治国平天下,儒生的标准形象:远庖厨,手不释卷,足不出户却运筹帷幄而决胜千里。欧洲人没这么远大的理想,只是朴实地认为一个人首先要照顾好自己,再照顾好家庭,若还有余力就为社区出出力吧。我们求大,学的尽是治国之策,他们求小,强调一个人做实事的能力。

所以,在瑞典中小学里,是有家政课的,男生女生都要学会做饭——不管你是否身怀绝技,你首先得不让自己饿死。然后,每年夏天,大部分瑞典家庭都会带上孩子去森林,教孩子们学会钓鱼、支帐篷、捡柴、生火……这些最基本的生活技能。

最令人意想不到的是:瑞典小学从一年级起,木工课就是每位学生的必修课。学校有专门的木工房和木工老师,各色工具一应俱全,各种板材码放整齐。学生们在老师的指导下,用小木锯、小木刨、电动工具甚至木工机床,做出一个个的笔筒、玩具和木偶。

我脱口而出:"爱因斯坦的小板凳。"这是中国人家喻户晓的故事,应该也是在类似的教育下出现的。

除此之外,学校还有手工课、缝纫课、烹调课,若有志于此,你可以成为优秀的匠人、设计家。尽人皆知的"宜家",被口口赞美的精简设计,就是有这样广大的人群成为后备设计人才。如果你缺少创意,你不懂设计,至少你可以为自家建造一座小木屋。

"会妨碍学习吗?"作为中国家长,我不能不问。

他答:"如果会妨碍,那很可能说明你不是学术型人才,就不必强求了。"

听完他的话,我不免问他:"那你呢?"

他笑了，说："很惭愧。"

他出生在典型的知识分子家庭，父亲是大学老师，母亲是医生，他是独生子女，从小被众星捧月，万般皆下品唯有读书高。一路顺风地读到大学毕业，连煤气炉都不会开。会到瑞典来读研，纯粹是抱着玩票的心情。当时瑞典还没什么中餐馆，父亲实在担心他会饿死，在他行李里放了很多包方便面。

从来心高气傲的他，也是到了瑞典，才目瞪口呆地发现自己原来是个笨人：不会做饭，扣子掉了不会缝，实验室里小东小西坏了不会修，宿舍里电灯灭了不会换……他是蛟龙，困住他的，不是外在的浅滩，是内在的短板。从前人家说的"百无一用是书生"，是自嘲，此刻他才知道这是深重的耻辱，以及严厉的谴责——就因为你读了点儿书，你就有资格百无一用？谁没读过书？毫无疑问，瑞典是世界上人均受教育水平最高的国家之一。

他慢慢学会用螺丝刀，在家里置一套工具箱，在高速公路上抛锚的时候，除了打电话叫救援，自己也能钻到车底下。

而当他提升了动手能力后，他意外地发现，他渐渐成了一个更好的人——对服务员，他再也不喝来呼去了。他知道体力劳动是多么辛苦。亲身经历让他能够体谅。

国内朋友向他抱怨因为装修而闹离婚，他只笑笑，他在瑞典的房子，是他和妻子一道亲自动手，从找平、刷大白、做防水到做电路，事事亲力亲为。看到自己手里成型的家，他自己无论如何不会舍得放弃。如果他因此多了一点点家庭责任感，那确实是赚了。

妻子和母亲为琐事发生争执时，他的第一反应不是"你们烦死人了"，不是"沟通是第一位的"，而是"解决问题"。也许是一把用来不顺手的菜刀让人心烦气躁，也许是上不了网的电视令人气馁，能解决解决，不能解决——看他忙上忙下的态度，那两位的气也消了三分之二。

而他也像每个瑞典男人一样，建造了自家的小木屋，一个一个夏天，带着孩子们度过。孩子们并不以此为骄傲，这是家家户户、每位父亲都会做的事。这"不骄傲"更令他心生满足：这本来就应该是常态。与其对家庭不闻不问，空说什么"父爱如山"，不如实打实，做一个抱孩子、带孩子玩儿、为孩子建造未来的好父亲。

我听完他的话，暗自下了决定：要从壁橱深处拿出我古老的工具箱。它曾经属于我爸我妈，在我是工科女生那几年，他们给了我。现在，是拿出来交给我女儿的时候了。我将慢慢教她炒几个菜，认识地线，告诉他暖气片不热的时候怎么办……

毕竟，教育家皮亚杰说过：智慧来自双手。

精彩赏析

这篇散文描写了瑞典人的生活方式和教育理念，通过对瑞典人生活方式的描写，讲述了一个关于生存和生活的故事。文中展现了瑞典人的自力更生、注重实践的精神，以及瑞典人注重家庭、注重家教的传统。同时，作者也从自己的角度出发，思考了教育的本质和教育的意义。整篇散文用词简洁明了，行文流畅自然，让人读起来感觉很舒服。文章的意境非常优美，通过对瑞典的自然环境和生活方式的描写，让人感受到了一种宁静、安详的氛围。同时，通过对瑞典教育的介绍，也让人深刻地认识到了教育的本质和意义，感受到了教育的力量。

每一个开始里都住着天使

心灵寄语

> 每一个开始里都住着天使，她们会帮你开启新的旅程，陪你经历人生的边界，让你懂得何谓离愁、嫉妒、怨恨，也让你拥有一生的友情。

有一句话，我年轻时候读到过，一直难以忘记，叫作"每一个开始里都住着天使"。

偶尔向朋友提及，他眼前一亮，说：这句话可以总结他的半生。

他少年时，品学皆优，通过了很难的考试，是村里唯一杀出血路、要去城里读高中的孩子。暑假里，他仍然每天去老师家里补习——乡下孩子即使成绩优异，也总有很多知识上的短板。放学路上，他会沿着小路在村里逛一圈，苹果正在渐渐成熟，小麦越来越饱满，去年飞走的乌鸦现在还没回来……要离开亲近的一草一木，去全然陌生的环境，还年少的他，无比害怕。

能交到知心朋友吗？在他的想象中，城里同学们出身非富即贵，一定会看不起他的，被欺负怎么办？功课太难跟不上怎么办？生病了怎么办？其实，可以去镇上读呀，近很多，还有初中同学。甚至，可以像那些失学的同学一样，就去隔壁的伐木厂做事。伐木厂里每位叔叔伯伯他都认识，他们每天做一样的事，刨木屑散发着一样的清香味道，这多么让人安心。

大家都说：去城里意味着新的开始。但噩梦也会有一个开始，眼前的，真的是黄金路途吗？

快开学了，老师为他上最后一节课，最后把他送出门外时，意味深长地说："记住，每个开始里都住着一位天使。"

这句话，他是慢慢懂得的。

天使给他带来了全新课程，潮水一样，在他心里冲刷出新的海岸线，他人生的边界，因之一拓再拓。

天使潜移默化在改变他的口音、他的见识、他的胸怀与看问题的角度。他从前只懂得村里的善与恶，现在也知道一点城里的事了。曾经遇到争端，激烈地想占据一席之地，想斗个输赢，现在却可以站得更高，看得更透彻，因之有了悲悯。

天使让他懂得了何谓离愁、嫉妒、怨恨、强烈的责任感，这些感受未必尽善尽美，但成年人的世界就应该是酸甜苦辣咸，而不能像婴儿时代一样，全是温暖的怀抱、甜甜的乳汁。

天使还给他带来了一生的友情，不再是光屁股玩泥巴，而是知识的碰撞、性格的契合，一同激情燃烧过，喝过酒，打过架，爱慕过同一个女子。

有时候，天使看上去也很像魔鬼，黑袍后面满是偏见的老师，是同学间既微妙又直接的世态炎凉，是外面世界的酸雨咸风，打在脸上像刀子一样，他以为自己挨不过去了……

他之后又有过无数次的开始：到更大的城市读大学；从象牙塔里被一脚踹到社会上，从尘埃里一步步往上爬；第一次失业，之后一年内换了五家公司；从恋爱到下定决心要结婚……

最悲伤的开始是那一年：他破产、被多年好友出卖、妻子也冷静地向他提出离婚分财产，人近中年，一无所有除了遍体鳞伤。重新起步非常困难，内心最痛苦的时候还与客户推杯换盏，手边没钱，还去报名参加各种培训，这都是挣扎，像陷在泥沼里的人，有强烈的决心"我一定要出去"，会不会越陷越深，要怎样才能踩到坚实的地上？他只是往前走，终于，云开，看到淡淡的日光。才知道，天使从未离开，在他的每一个选择里都给了助力。

朋友的故事，很有代表性。

每年九月之后，我总会收到大量的读者来信，在诉说"不想开始，不想长大，不想改变"。上了初中的，抱怨学业紧张，后悔小学时候没有尽兴玩过六年，好想重回小学一年级；上了高中的，诉苦再也找不到真心朋友，曾经的好朋友已经去往不同的学校，好难过，真讨厌长大呀；上了大学的，在说大学其实很颓废，同寝彻夜玩游戏，好怀念中学时的清早跑步呀——我很想回他一句：去跑呀，不管别人是什么样子，你可以选择如何开始自己的每一天。

我理解所有人的不适应。陌生带来恐惧，让人不敢向前，想缩回去，矮下去，甚至重回婴儿时代，毕竟，自己走路怎么会比被抱在怀里舒服？但，想做巨婴，首先生理上就实现不了，身量不断长高，去年的衣服已经套不进，那么，以前的少年心真能撑一辈子吗？

许多人说"不忘初心，方得始终"，有时候，却必须忘尽初心，不求始终。抹去旧日恩怨，弃绝过往浮华，跳出让自己最舒适的区域，不问曾经想得到什么，只是活在当下；不问终点在哪里，上路了再说。错了怎么办？也没什么，就像在高速路上下错了出口，无非就是想办法再绕回去，只要向前，就能一点点靠近幸福。

某种意义上，人生就像玩电子游戏，每过一关，"大BOSS"就更难打一些——但你想永远停留在第一关吗？还是，快快乐乐结束掉每一关，再勇敢地，开始下一关？

每一关都有"彩蛋",每一个开始里都住着一位天使。如果,频频回首,恋恋于身后的景色,可能错过天使;如果,低头想心事或者哭哭啼啼,可能与天使擦身而过;如果,双手死死搂住过往不撒手,又哪里能有第三只手接受未来?

精彩赏析

这篇散文讲述了一个人的成长历程,表达了每个开始都是有机会和天使的,而不应该害怕新的开始和改变。整篇文章语言优美,行文流畅,表达深刻。故事情节生动形象,引人入胜。通过朋友的经历,让读者感同身受,更好地理解和接受文章的主题。同时,作者巧妙地运用了一些修辞手法,比如对比、排比等,增强了文章的感染力和表现力。总体而言,这篇散文很好地呈现了作者的意图和情感,令人感到温暖和鼓舞。

祝福与学习让嫉妒焕然一新

心灵寄语

> 每个人都有自己的优点和不足，嫉妒只会让自己陷入悲伤和不满。珍惜自己的长处，欣赏别人的优点，保持一颗真诚的心，这样才能过上快乐的生活。

一个永远开开心心的小姑娘，这次含着眼泪冲到我面前："有一个人，我同桌，她讨厌我，我没想过会有人讨厌我，我该怎么办？"

小姑娘被父母教养得很好：学习、运动，对每个人都很有礼貌，愿意帮助人，有很多好朋友。所以，一听这话，她妈第一个就惊呆了："怎么可能？一定是误会。"

小姑娘剧烈地摇头。是当事人亲口说的："我一开始就很讨厌你，不过现在觉得你还蛮好的。"

这"一开始"还真是一开始。他们从初中升入高一后的第一天，每位同学都做了一次自我介绍。小姑娘早忘了自己说过什么，同桌都记得："你没说几句，就说自己钢琴十级，芭蕾八级，我就想这个女的好讨厌呀，真正的淑女根本不会炫耀自己会什么懂什么。后来你又说自己暑假去英国，还是自由行，我最烦这种炫富的人了！"

她妈张口结舌："炫富？要炫也得有资格，我们家？勉强算小康。再说，你浑身上下哪里有名牌？一件都没有。哦，你的鞋是耐克的，那也是在工厂店买的。出个国就算炫富？现在不是人人都出过国吗？"

我摇头："真不是。"

不久前，我在街上遇到前同事，告诉我她马上要去泰国玩儿，这是她第一次出国。她一定是非常非常开心，因为她碰到我好几次，每次都宣布这个好消息。我的前同事，五十已过，退休在即。

世界从来不平等，你的唾手可得，可能是人家一辈子的日思夜想。

我对小姑娘说：这不是你的错，是你成了一面镜子，你的同桌，借由你，看到了自己的缺失。她应该没机会学钢琴学芭蕾，永远无从穿上天鹅公主的羽衣。你陈述的是信息，方便人家了解你，无关的信息为何刺痛她？就好像天气预报说今日有雨，那脱口骂娘的，多半没带伞，或者没有车，要冒雨去挤地铁，之前之后还得步行穿过泥泞的小街，溅得一裤管泥点。

小姑娘的妈帮腔："对，她是羡慕嫉妒恨。"

而我必须跟小姑娘谈谈嫉妒：

嫉妒之可怕，因为它多半发生在身边。要么看得见摸得着，要么是同行同事同乡，至少至少，得是同一个性别，家庭主妇不会嫉妒脸书的老板扎克伯格，但搞不好会嫉妒他老婆："凭什么呀，她又不漂亮，外国人审美好怪。"完全没想过这世上还有学识、性格、谈吐等很多东西。

光这些还不够，你超过他的部分，还得恰好是对方介意的。我的邻居爱猫成癖，府上已有八只"喵星人"，虽然大家也会发出"好想要呀"的感叹，但大概没人嫉妒她。但如果她有的是八套房……就不好说了。

而一旦这嫉妒变成深沉的恶意，如同无星无月的午夜，你就会是暗夜行路人，随时有可能被迎面一枪击倒。

我也被嫉妒所伤过：我从来不算成功也不算幸福，所以，当第一次有人亲口说出他嫉妒我的时候，我也一样惊呆了。那人还曾是我的"朋友"，我对他，像对所有朋友一样真诚。但他编造跟我有关的绯闻，说我刷爆某男人的信用卡，说我的私生活，说我贪婪说我撒谎成性。当我遇到挫折，他扬扬得意打来电话，说："你也有今天。你不是嘚瑟吗？活该了吧？"

不记得那是什么季节，只是我忙着接电话忘了穿鞋，赤脚站在水泥地上。握着话筒，一时间什么也听不见，只是一分一分、一寸一寸地寒从脚下起。

是我无意中说的俏皮话伤害了他？我曾经认真的建议被他视为攻击？我想了又想，最后明白了：我的父母都很爱我，我读书一路顺风，我从事着自己喜欢的工作——而这些，他都没有。

嫉妒归根结底是一种愤怒，来源于自身却指向他人。原生家庭让他痛苦，而如果没有其他人的幸福比对，他可能以为全世界都家无宁日，反而心安。但是，我的幸福、其他人的幸福提示了他：他是一个被苛待过的人。他不能恨父母，恨老天毫无意义，于是，莫名的恨意涌向毫不相干的我。

小姑娘静静地听，问："如何应对，当嫉妒发生？最好没人嫉妒我。"

她妈说得飞快："高调做事，低调做人，要低调低调再低调。"

我说：这句话就像"高调睡觉，低调打呼噜"一样可笑。吃饱了的人就是满面红光，读书人自然就有书卷气。你觉得那在朋友圈发别墅的人是秀，但那其实是人家的日常生活。总不能为了可能的嫉妒说谎、装扮、在新衣服上钉补丁、假装粗鄙不文？

而嫉妒也不比厌恶、反感、不屑……来得更负面。你得接受，不管你是什么样，总有人不喜欢你。你爱说爱笑，有人嫌你不稳重；你关心天下大事，有人说你强出头。想讨好每个人是不现实的，而如果有人嫉妒你——这绝对是好事，总胜过你嫉妒他。

小姑娘一惊："我也可能嫉妒别人吗？"

她妈说："当然不会，人家有什么我们都有。"

我说：你有奥数金牌，人家还有奥运金牌呢，强求人无我有、人有我优是不现实的。要预防嫉妒，最重要的是：不比不较，珍惜所有。你比我聪明？可以，我也很聪明，只是与你不是一个方向。你跑步比我快，好呀，我愿意请教你跑步的技巧与学问。我知道你有你的优点，我也有我的。你率真，我甜蜜，你宜室宜家，我冲锋陷阵，大家沿用不同的体系，红叶不与锦鲤比美，春月何必介意秋风凉。

难免有些时候，我们必须站在同一个赛场上，你熠熠生辉，我不能不有一秒钟的黯然神伤。但一秒过后，容我落落大方地对你说："我祝福你，我向你学习。"

精彩赏析

这篇散文从小姑娘和同桌的故事出发，引出了嫉妒这个话题。从多个角度深入浅出地阐述了嫉妒的本质，以及如何应对嫉妒。文章通俗易懂，情感真挚，富有感染力。作者运用了生动的比喻和形象的描写，让读者更加深刻地理解了文章的主旨。此外，作者的写作风格简洁明了，字字珠玑，让人读来非常舒适。总的来说，这篇散文写得非常好，给人带来了很多启示和思考。

不是天意

🌹 心灵寄语

> 我们无法掌控命运之手,无法预知球脱手之后的归宿。然而,正是经过反复的训练和不断的尝试,我们才能提升自己的能力,以最优美的姿态击出属于自己的大满贯。在人生的道路上,只有坚持不懈的努力,才能凭借自身的力量,从容地迎接成功的到来。

第一次去打保龄球,同行的朋友大致地指点我几句:怎么站,怎么掷球,怎么瞄准方向。每一局,我都按照他的话,认认真真地做了,结果却很不一样。

有时,明明是笔直地掷出去,却滚着滚着就偏了方向,眼睁睁看着它滚进了沟里,也只能无可奈何;有时,球出手的时候就已经偏了,到了尽头,只刚刚能擦到最边上的球瓶,却不知怎么搞的,那个球瓶横向一倒,噼里啪啦地,所有的球瓶全倒了。

我渐渐有些感慨:也许,人生就像是一局保龄球,而成功,就是那些静静等待的球瓶,我们一生中所有的选择和努力,都是站在距离以外,尽量投出最完美的一掷。然而,球脱手的刹那,也就是将它交给命运。到底能不能击中?能击中多少?会不会像我们所希望的那样，打出最辉煌的大满贯？这些，都只是命运之手在遥控器上误触了哪个按钮吧？

想到这里，我不禁沮丧起来。

就在这时，我忽然注意到我邻道的一个年轻人。只见他一手执球，在硬木地板上大步慢跑了几步，然后止步，身子略略下蹲，右手顺势一扬，球稳稳出手，直扑终点，轻轻巧巧地就打了个大满贯，整套动作流畅优美，轻捷如猿。他连打几局，身手是一律地利落，而分数也总是很高。有一局他一击过后，只剩了一个球瓶，孤零零地站在最偏远的角落里，位置很不好。我想这次完了，肯定打不中，没想到第一击，他也只是看似很随便地一掷，球便很自然地向那个方向偏斜，到达终点时，刚好把那个"种子选手"打个正着。

我豁然开朗。

其实，即使在球脱手之后，也从来没有离开过人的控制，它的方向、速度、轻重，早在出手以前，便被精确计算，并被宿命般赋予。每一个大满贯，都不是一件偶然的事。即使是一场游戏，能玩得如此精彩，背后也包含玩家的经验、智慧和力量！有了这样的把握，才可以坦然地向幸福挑战：成，是天道酬勤；败，是学艺不精。从头再来，输和赢都在自己掌心，与天意无关。

不能泅海的人，便只能随波逐流；不会打保龄球的人，每一球都是碰运气；不曾为成功付过代价的人，才会把未来交给天意。

的确有过侥幸的成功，有一夜暴富的人，有捡到天上掉下馅饼的人，就如我这样的初学者，也偶然地打出过大满贯，可是真正的大赢家，永远是那些训练有素的人。只有他们，才可以凭着自身的力量，以那样优美的姿势，从容地击出自己的成功。

\试卷上的作家

精彩赏析

  这篇散文从打保龄球的经历出发,通过一个年轻人的实例,引出了人生的思考。作者通过描述自己的失败和邻道年轻人的成功,表达了人生如一局保龄球,成功需要经验、智慧和力量等含义。作者的写作手法简洁,用一件日常生活中的小事表达了思想,让人深刻体会到人生的哲理。同时,作者也通过自己的经历,表达出了对人生的感慨和思考,让读者很容易产生共鸣。整篇散文言简意赅,通过平凡的生活琐事,表现出深刻的人生哲理,具有很高的文学价值。

如果树会说话

🌼 心灵寄语

> 你要当灌木还是红松？想风不打头雨不打脸，还是笑傲风云？你是愿意湮没人海，默默无闻，还是成为参天大树，活出人的丰盛美好？一切，都是你自愿的选择。

学者谢泳，在研究西南联大的时候注意到：当时同班的学生，后来的差别主要出在机遇上。"是机遇影响了才能，不是有才能就能得到机遇。有才能没有机遇，才能慢慢就没有了，有机遇，没有才能慢慢也会得到发展。所谓居高声自远。"

同学少年的日子，大家都是纤纤小树，生长在同一片苗圃里。渐渐分散到人生的莽苍苍大森林里，有些不幸落在洼地，有些却有缘栽种在山顶，比周遭的林木都高出一截，于是更多的阳光照在它身上，春天的第一场雨都给了它。自然，狂风暴雨季节，它也会首当其冲，在风中凌乱，断了一地的枝丫。但，一年不过一季台风。

春风和暖里，风把它的花粉送得远远；夏日，信天翁借它的肩胛落脚；到了秋季，也是风，把它的种子撒遍天下。无它，高人一等而已。而随着它越长越大，成为参天大树，小小的风对于它，连摧折都无能为力了。它得到的越多，其他树就得到越少——资源，不过就是一碗饭，你多吃一口，其他人就饿着。

这是树的残酷，也是人的残酷。

人与人之间的差别，往往还没有两棵树之间来得大，毕竟人家还可能不同科不同纲不同属，而我们，都是人科人属智人种。所以，能流传千古的名言，不见得比隔壁张大妈的口水话更真知灼见；伟大的、撼动世界的发明，多的是人曾心念一转想到。区别何在？不是说了什么，也不一定是谁说的，往往只取决于，你在什么位置上，风帮不帮你忙。

有一部电影叫《立春》，里面的王彩玲，小城居民，毫无姿色，只有一把好嗓子，她于是想去北京唱歌剧——她当然失败了，她只被命运嘲弄。演王彩玲的蒋雯丽说："我就是王彩玲。我曾经的梦想，也是离开蚌埠。去北京，我都没敢想过。"蒋实现了梦想，无他，她考上了电影学院。走得越高，机会越多；站得越高，被看到的可能性就越大。

如果站在山坡上，能不能听到树在说话？森林里也有窃窃私语，最矮的灌木丛，满腹隽语只能说给小草听——小草可能还似听非听。而百年红松，才有资格发出松吟，好风凭借力，松涛入你梦。

你要当灌木还是红松？想风不打头雨不打脸，还是笑傲风云？你是愿意湮没人海，默默无闻，还是成为参天大树，活出人的丰盛美好？一切，都是你自愿的选择。

只是，如果树会说话，你猜猜它们会说什么。

精彩赏析

这篇散文从自然的角度出发,借由树木的成长与命运,探讨人生的不同道路。作者用生动的比喻和细腻的描写,将人与自然相融合,呈现出一幅大自然的画卷,令人心旷神怡。散文中表达出的思想,深入浅出,让读者能够感同身受,引发共鸣。最后,以一种巧妙的方式,提出了一个哲学性的问题,引人深思。从写作角度来看,这篇散文的语言简洁明了,不失深度和内涵。作者用富有感染力的语言,将读者带入到自然的世界里。散文的结构清晰,从学者谢泳的观察入手,引出了自然的普遍规律,然后引申到人的命运,最后以哲学性的问题作为结尾,使全文层次分明。

易学难精

🌸 心灵寄语

> 挑战和复杂性，才让我们感到这些领域的魅力和吸引力。要想在这些领域取得成功，我们需要不断钻研、不断努力，也需要保持一颗冷静的头脑和一份永不放弃的决心。

一位在高尔夫球场上班的朋友告诉我一个有趣的现象：第一次打高尔夫球的人，乱打一气，却往往能打出好分数，都觉得高尔夫很容易，可是多打几次后，就总是越打越差，甚至根本进不了洞，才开始惊呼："原来，高尔夫球这么难。"

这，也就是通常所说的易学难精吧？

其实，又何止是高尔夫呢？象棋、围棋、桥牌……这些流传久远的游戏，桩桩件件，都是轻而易举就可以初窥门径，开始第一步像踏上幸福黄砖道[①]一样简单自然，却都会在后来知道，四四方方的棋盘，其实是大迷宫，棋盘上那些坦白在你面前的纵横阡陌里，

---

① 黄砖道（YellowBrickRoad），源自电影《绿野仙踪》，女主人公路上黄砖道找到了翡翠城，从而找到回家的办法。黄砖道比喻通往成功和幸福的康庄大道。

藏了多少的山重水复和柳暗花明，而越深入，就越会发现更多的峰回路转，更多不能破解的谜。

也许，这就是人们被这些游戏吸引，并且永远不倦于钻研的原因吧？

它们用表面的平易和简单来吸引你的兴趣，仿佛不设防的城市，使你冒冒失失就会踏入。它们还在路边随时散置小小的成功，喜悦的你会更加情绪高涨。当这一阶段过去，它便摇身一变，用它的深不可测、它的千变万化来诱惑你。你会成功，你的智慧和努力会帮助你解开一个又一个结；你永远不会成功，因为每当你解开一个结，就有新的更艰难的结等待着你，成功终究成为你可望而不可即的天堂，而路，正漫漫。每一个梦想天堂的人都必须长途跋涉，最后眼中都含了泪，说：我来了，我看到了，可我没有征服；而泪里带了笑：但是，因我的不曾放弃，我使天堂近了。

而如果再想深一点，所有的，艺术、科学、体育……这一切如魔法般令我们着魔，迫使我们殚精竭虑、倾尽所有来追求它的，人世间的大游戏，不都是这样吗？

所以，我亲爱的朋友啊，如果现在，你有了小小的成就，不要太沉醉，冷静下来想一想，你会发现，也许，你还处于易学的阶段。

\试卷上的作家

精彩赏析

　　这篇散文以高尔夫球、象棋、围棋、桥牌等游戏作为切入点，探讨易学难精的道理，并将其与人生、艺术、科学、体育等领域相联系，表现出游戏所包含的无穷奥秘和深邃哲理。作者运用平易近人的语言和丰富的比喻，为读者打开了游戏的大门，同时也揭示了学习和成长的无穷乐趣和意义。从写作角度来看，本文采用了议论散文的写作风格，通过作者自己的经历和观察，以及对游戏的深入思考，描绘出了游戏从容易到难的转变过程，表达了对游戏的热爱和敬畏之情。同时，作者还运用了大量的修辞手法，如比喻、排比等，使文章更具有感染力和说服力。

边讨厌边继续

● 心灵寄语

> 如果你遇到挫折而想放弃，不妨想想，你是否也许只是厌恶了其中某些部分。坚持下去，再去重新爱它，也许你会发现，你的热爱更加坚定了。

许多年前，我打算把写作当作主要职业的时候，一位略长我几岁的朋友含蓄地表示"不赞同"。他当时在央视工作，谈笑皆鸿儒，往来无白丁，认识无数对大部分人来说像传说一样的文化人。他信手拈来几个名字，都是曾经红极一时但渐渐消失的，他说："他们，后来都不写了。"

我说："他们是遇到了什么事儿吧？"

他反驳："谁一辈子能什么事儿都不遇到？"

我还想说什么，他只是摇头。

这话头属于"剪不断理还乱"的。就像在战争发生之前，人人都能含着热泪说："我愿为国捐躯。"事实上谁会第一个冲上去，谁会伶俐机巧地置身事外，不到真的发生，证明不了。

我有点儿轻微的屈辱感，只是想：我不要成为他的例证之一。

我从未想过，我曾经厌恶过自己的写作。成年人，是会多次三观崩塌，又一次次重建的。在某个阶段，写作变成极其困难的事，需要一边书写一边质问自己：真的是这样吗？我确定吗？

有些我自己的文章，我一个字都不肯看，无意中看到都坐立不安：我没打算说谎，但我曾经天真相信过的事物，我已经一个字都不信了。

这种时候，像隔着玻璃窗看窗外的大雨：昨天我曾见一只白鸟飞来，是幻觉还是真的？雨声震耳欲聋，任何其他声音听起来都很吃力——它们真的存在吗？

我反复想起朋友的话，我想，"他们"也就是这样，不再写的吧？

我想：我真的热爱文学吗？这是不是也只是年轻时候的冲动？此刻的我，如此厌恶它。我是不是弄错了？就像把年少无知当作爱情一样。

要从沼泽里走出来之后，才能回头去看，我才明白：讨厌、反感、拒绝，会包含在所有热爱里。

你爱你妈吗？当然。你讨厌她的唠叨，你嗤笑她的发型，你经常和她吵架——这一切，能否定你们之间的爱吗？也许相反，就是因为你与她，是世上最不需要设防的人，所以你们百无禁忌地向对方敞开，才有机会互相讨厌。如果她突然不那么讨厌了，你可能会很惊慌：是她身体出问题了还是你的？

你有死党吗？当然。我有好几位认识二十年以上的朋友，他们个个都有自己的臭毛病。有一位，会很自然地炫富，我忍着；另一位，天天和我谈政治，多少次，我都想把她拉黑了事，我忍着；还有一位，经常好心好意给我传播微信谣言。对她我不忍，我严厉指出："你居然还是个海归！居然还是个研究生！"我告诉她："我们三观不合。"她说："你和谁三观合？"她说对了。我相信我也有很多臭毛病，比如我会迟到、记性不好、吃饭一定要去我喜欢的馆子……

他们有没有时候讨厌我？肯定。我呢？彼此彼此。

厌恶是一种极其正常的状态，有很多原因。就像吃得过饱会厌食，感冒了也会；就像深爱的小情侣会突然看对方不顺眼，劈腿了也会；有时候，你因为自己太笨而厌恶自己，但那个八面玲珑的你，你也厌恶。

怎么办？一半是厌恶一半是爱，边讨厌边继续。

说这些，是因为常有年轻学生向我说到厌学的话题："大考已经迫在眉睫了，但拿到卷就反感，只想看漫威。"

"厌恶校园厌恶老师，现在有这么多学习的平台，我为什么不能用自己喜欢的方式学习？"

"疲倦和松懈流沙一样淹没我，我就想躺下来睡一觉，很希望厌学能像抑郁症一样，是大家接受的病……"

我说："我明白，我理解，我懂，如果太累就早点儿睡，但我还是建议你在正常时间起床，继续学习，因为当年的我，就是这么做的。我知道一件事：如果我当时搁下笔，可能一生都不会捡起来了。"

我不仅记得朋友说的"他们"，我自己还认识了许多许多人。挫折总是接二连三，感情上、身体上、事业上，无意义感是很容易击溃人的，放弃显得天经地义。但是，当最低谷过去，人会渐渐调整到正常的状态，双手却已技艺生疏，双腿因为长期不行走而举步维艰。这时候再追上去，需要更强的意志、更大的勇气，还有更多的挫折感。

恶性循环就是这样的，对于学生来说，更简单：因为成绩不够优秀，于是回避竞争；其他同学都像是见证，让你看到你的不足，于是转开脸不想看到他们；老师的批评让人难受，老师的安慰更加让人不舒服——于是宁愿待在自己的世界。

但，到那个时候，会发现，比所有人都更加难以应对的，是自己。

人，如果试过，在深夜不肯睡，一点点咀嚼自己的过失，多半也就会在清晨不愿意醒，不想面对这个没有任何好消息的新一天。反反复复，谁也不想见，什么也不能开始，一点点，缩进更小的世界：游戏、聊天、网上的胡言乱语。

所以，还是回到我最开始的建议吧：边讨厌边继续，一边爱一边厌恶是最正常的现象，如果始终不能爱，那我坦白说，在校园里胡混混，也比在家里瞎想想，来得快乐。

精彩赏析

这篇散文以一种平实、诚恳的口吻讲述了一个成年人多次三观崩塌，又一次次重建的过程。作者以自己的经历为例，阐述了在某个阶段写作变得困难的原因，以及对于自己作品的厌恶和反感。同时，作者又以亲情和友情为例，说明了在爱的基础上同样会包含着许多厌恶和反感。最后，作者针对学生的厌学问题，提出了"边讨厌边继续"的建议。整篇文章语言简洁，情感真挚，给人以启迪和鼓励。

当你跑步时你在想什么

🌸 心灵寄语

> 在人生的长跑中,要了解自己的能力,保持自己的节奏,专注于自己的目标。不要让其他人的步伐左右你的方向,保持沉着冷静,匀速前行,等待属于自己的冲刺时刻。

那还是上学期的事儿,快期末考试了,有个女生忽然给我讲了件事情。

她同桌告诉她,自己半夜上厕所,发现住她家对面楼的某某同学房间的灯还亮着。这以后,平时蔫不拉几的同桌也像打了鸡血似的,夜以继日地疯狂刷题。几次小测验成绩出来后,她把原来和她不相上下的这位女生远远地甩在了后面。

女生惶惶起来,看着同学们一个个都在拼命,于是,她也开始给自己"加料",晚上复习到深夜。很快她就撑不住了:第二天上课时,她无精打采,昏昏欲睡,课堂学习效率大打折扣。

她想回到自己正常的学习轨道,但每次想早点上床休息时,脑海里便会浮现出同学们挑灯夜战的场面,又着急得睡不着觉。

我愕然许久,我问女生:"你上初一你知道吗?"

大道理是好说的:初中生,有什么必要这么拼呢?这只是一次

\ 试卷上的作家

期末考试,对你的一生来说微不足道,甚至对你的初中学习来说,都无足轻重,你却准备搭上你的效率、健康以及对学习的热情。

但我又立刻想起另一位家长的话:"初中当高中过,初三当高三过。"如果家长焦虑至此,怎么能说,我不懂学生的焦虑。

我女儿上小学的时候,每周老师都会把她的成绩发在群里,我一看到不是一百分,就心里急一下。尤其是全班五十个人,有四十个一百分的时候。就小学那点儿内容,有什么理由不全对呀。

无论老师们怎么和家长说:小学的这些分数,没有用,偶尔一次进进退退,就跟走路摔了个跟头一样,是每个孩子都一定要经历的。

话说得很中肯,但看着人家的孩子健步如飞,自家的孩子脚步蹒跚,就方寸大乱。万一我的孩子就真的一跤不起,怎么办?

到了现在,我经历过一路的兵荒马乱,我可以对其他的家长说:人生是长跑,了解自己的能力,保持自己的节奏,比看人家更有意义。当我们跑步的时候,也许,更重要的是专注,专注于自己的目标。

我曾经与几位马拉松跑者聊天,他们不约而同,都说过一种"初学者的困境",就是:看人家。第一次跑马拉松,心里总是没底,起跑线上一堆人,人的气味、人的声音、人踩出来的尘土……让人安心。发令枪一响,几分钟前还是摩肩接踵,几分钟后,"他们怎么都一个个跑到前头了,难道我就这样成了最后一个?"不管事先是怎么计划的,这时候人很难不慌,不得不加快脚步,呼吸也随之混乱……

其实,跑马拉松最需要的,是专注。专注于你自己的目标。

你只想跑完全程?好,那就跑完了事。

你打算中途发力?那就先养精蓄锐,至少过了半程点再说。

你觉得重在参与?那么,也许对你来说,速度与竞争都没那么重要。事先让亲友守在景色好的必经之地,给你留几张靓照……

而至于你眼中的人家,你知道他们的安排吗?

那动如脱兔的,可能是毫无马拉松经验,一千米之外就力竭退赛了。

那势不可挡跑在第一位的,人家只想跑半马,很快就要与你分道扬镳……

你何必把视线集中在身前身后那几个人,与你同场竞技的,何止千千万。

我想,放在学习上也完全一样。

当你已经是自己学习上的家长,你也要渐渐学会摆脱无谓的焦虑。同学们有他们的打算,而你有你的,沉下心,匀速奔跑,等待冲刺的时刻——而那时刻,无论如何,不会是初中的某一次期末考试。

精彩赏析

　　这篇散文从一个小小的故事开始,通俗易懂地向读者传达了一个重要的道理:不要为了别人而拼命,要保持自己的节奏,专注于自己的目标。作者通过自己的亲身经历,向读者传达了一些关于跑步和学习的启示,让人耳目一新。整篇文章语言简洁明了,情感真挚,让人读来有一种身临其境的感觉。作者从写作、意境等多个角度都表现得很好,这篇散文可以说是一篇优秀的励志文章。

我在，我自在

🌸 心灵寄语

> 学会放下那些累赘，你才能自由地奔跑。不必在意别人的眼光，只需坚持自己的道路。生命中最美好的时光，是你在自己的位置上，过自己想过的生活。

我忍不住嫌她吵，每次人群中只要有了她，就像老式水壶烧开了，发出了尖锐的哨音。大家都说她活泼外向，聊天的时候是"气氛小能手"，她却对我说："只有我自己知道，这样到底有多累。"

"累的话不聊也罢。"

不不不，她惶惶地摇头，说每次费尽心思找话题，一边又担忧旁人对自己的看法："这句话会让对方不舒服吗？""别人会不会觉得我傻？"聊一次天，像打了一次仗，唇焦舌燥，全身酸痛。

她怕冷场，恨空气的突然安静，尴尬像毒气，令她不能呼吸。现在，她都有些讨厌和别人交往了，她自嘲地笑："我离社恐，只有一句话的距离。"

该怎么去应付没人说话的窘境？

我只是说："别让自己太累。"

总在很累很累的时候，发生意外。

是一次长途旅行，当时还年轻的我，和一大班工作上的熟人，在异国他乡，一道去买相机电池，几个人操着都很烂的英语，居然还成功杀了价；去小吃街冒险；在深夜的游泳池旁长谈，只有一盏灯，水波幽黑地荡漾，像海……

是旅行带来微醺般的放松吗？还是害怕被大部队抛下产生的应激反应？总之，事后的我，完全想不出哪里来这么多话，怎么能够一见如故。

出国，回国，一站站地告别，每次都真心地伤感，直到最后一程。那个时代，飞机还不是普通人的交通工具，我必须与一个旅伴共搭一程火车，是硬卧吧，忘了谁是中铺谁是下铺，反正，两个人就坐在下铺说话。

该交换的八卦已经交换过两三轮了吧，原来经常说的其他人的闲话，随着他们的离去，也变得没意思起来，连童年旧事好像也没得可说。像有一瞬的元神出窍，我脱口而出："你知道吗？我紧张的时候，就会不停说话。"

一直在咯咯笑、笑得傻头傻脑的她，先是笑得上气不接下气，然后说："我紧张的时候，就会不停笑。"

我们两个人都沉默下来。

然后……

然后我坐到过道窗边开始看书，最开始心里还七上八下：这样好吗？我是不是得罪她了？而她躺了下来，开始戴上耳机听音乐，嘴里轻轻哼起歌来。我遂安了心，静静看完那本带出来大半个月的书。

许多年过去了，我不记得那一次旅行中绝大多数人的名字——除了还有工作来往的那些，但那次火车上的交谈，很显然，忘不掉。

还要过很多年，我才终于能够摆脱"开心果"的人设——不知道为什么，我曾经下意识一样，觉得那是我的义务。看到一室默然，我就忍不住想让他们活跃起来。干吗呀？我当自己是风还是雨，非得吹皱一池春水？

又要过很多年，我才能听出熟人笑声里的疲倦，看出他们快活的表情来得太快。因这新生的觉悟我自责、羞愧，曾经的我是多么蠢，开着不合适的玩笑，像个小丑，以迎来一次次哄堂大笑为一次次的功勋。我想起自己出过的洋相、说错的话，哪怕是十年八年前的事，都气血上头，恨不住立刻穿越过去，封住自己的嘴。

我很庆幸手机的发明，帮助我解决了很多两难场面。有好几年，我一进小区院子就掏手机，边走边低头看，否则，一个笑容挂上去，到了家门口都摘不下来，有些人太爱嘘寒问暖，有些话我重复过太多次——都是有代价的。我就这样，一脚踩在一块碎砖上，崴伤了半个月。

到了现在，我终于能够得体地闭嘴了——虽然还没学会得体地说话。我不再怕冷场，人生如戏，我也不见得永远都是演员，幕间十分钟的放松总是可以有的；沉默令人尴尬吗？不，它像纯净水，任人开怀畅饮，有静静的甜；我不在乎与人无话可说，我是淘宝客服吗？逢人就"亲"；阿庆嫂能"来的都是客，全凭嘴一张"，是人家的革命热情。

也就是，我终于能够泰然自若，从容地走自己的路了。没人在等着看我的笑话，即使有，那也是他们闲的。我不必介意旁人的想法，只需要关注那些我在乎的人，我有使命要完成，我在这世界上，如一棵树在广阔的山林间，春天新换一身的针叶，冬天在白雪里沉默，永远是最好的时间、最好的位置、最好的自己。

我在，我自在。

你喜欢我，我自在。你讨厌我，我亦自在。你在或者不在，都不会改变我的自在。

而你，也一样。

精彩赏析

　　这篇散文通过描写一个活泼开朗的人在社交场合中的焦虑和疲惫，引发读者对社交焦虑的共鸣。同时，作者通过自己的亲身经历，探讨了社交中沉默和话语之间的平衡关系，以及在社交中保持自我、不被他人影响的重要性。这种自我保持的态度，也是作者在生活中的一种成熟和从容。整篇散文渲染出一种宽容的氛围，不以好坏为号令，而是呼吁每个人都能够找到适合自己的状态，走自己的路，做最好的自己。从意境上看，散文以"我在，我自在"为主题，传达出一种自我满足、自我认同的情感，以及对自由的追求和对自我的肯定。整篇散文语言简洁流畅，句句有力，用词准确恰当，很好地表达了作者的主题和情感。

预测演练四

1. 阅读《悬崖上的红莓果》，回答下列问题。（12分）

（1）文中的"红莓果"和"悬崖"分别指什么？（2分）

_____

（2）高僧的话暗含成功的秘诀是什么？请用原文语句回答。（2分）

_____

（3）作者两次上山采红莓果，为什么第一次没有成功？（2分）

_____

（4）本文首尾段有什么联系？请简析。（3分）

_____

（5）根据本文内容，谈谈你对失败与成功的关系的认识？（3分）

_____

2. 阅读《捷径，是更漫长的道路》，回答下列问题。（15分）

（1）依照文章内容，填写下表。（4分）

情节	父母用意	"我"的心理或表现
从小过两个生日	提早一年上学	①
②	提高学习成绩	反感也无奈
获得自主招生资格	③	轻松
高考失利	/	④

（2）请从修辞手法的角度赏析下列句子。（3分）

所有我绕过的弯道，所有我偷过的懒，都不曾消失，它们只是默默存在时间银行里，计本算利，然后自自然然出现，让我一夜交清欠债、利息和滞纳金……

_____

_____

_____

（3）以下对文章相关内容的理解和剖析，不正确的两项是（　　）（3分）

A. 文中"跌跌撞撞"一词，写出了他在学业上碰到了许多挫折，走了许多弯路。

B. 文中写他高考失败，是他心态不好、发挥不正常造成的。

C. 第十六至十九段总结了人喜爱走捷径的两个缘由及成功的两条经验。

D. 文章通过写他在父母的安排下"走捷径"，最后却"此路不通"的经历，写出了作者的感悟和启迪。

E. 文中的父母很注意对孩子的教育方式，改动他出生证上的日期是希望他们的孩子珍惜时间，少走弯路，值得其余家长学习借鉴。

（4）怎样理解"生活自己亦是这样"？请结合文章主题和下边的"链接资料"所述的情况，谈谈你对"揠苗助长"现象的见解。（5分）

（链接资料）望子成龙，望女成凤，此刻孩子身上承载了父母太多的梦。为了不让孩子"输在起跑线上"，有些父母不管孩子的成长规律，过早开发孩子的智力。人人你追我赶的结果就是超前教育，低龄化的各种补习班层见叠出，最后让孩子周旋在各样兴趣班、补习班间，不堪重负。这类"超前教育"无异于拔苗助长。

3. 写作训练。（60分）

　　有人说：什么是成长？那是你内心的一个尺度。你能够感觉到你的成长，你内心知道你会成长成什么样子，就好像一颗树种，无需指导，也会成长为一棵挺拔的树。世界上每一个人都可以成长为自己最好的样子。

　　请以"这就是成长"为题写一篇记叙文。

　　要求：①情感真挚；②文中不得出现真实的校名、人名、地名等信息；③不少于600字。

★试卷作家真题回顾★

【在妈妈的膝头上】

1. 有智慧,有目标。(2分)

2. 因为小满在书店读书时均是坐在妈妈的膝头上度过那些漫长时光。妈妈的膝头上承载着孩子的希望,承载着妈妈的挚爱。以此为题,有提示中心的作用。另外,"妈妈的膝头"又是本文的线索,有推动情节发展的作用。(3分)

3. "这件事":指去书店坐在妈妈膝头上读书的事。重大影响:是小满成了一个爱看书学习的孩子。(2分)

4. 这句话使用了比喻的修辞方法,将小满喻为小雀儿,将妈妈的膝头喻为充满草香的鸟巢,生动形象地表现了小满对妈妈的依赖,也表现了妈妈对小满的呵护与爱。(3分)

5. 示例:妈妈,您一直陪伴我走过牙牙学语和识字读书的许多时光,您的恩情我是怎么也报答不完的。今后的时光,我也要用多陪伴您的方式反哺。(5分)

【母亲的心】

1. 朋友的外婆患了老年痴呆症,忘记了其他人却只认得自己的女儿,还在一次家宴上偷偷往口袋里装菜给女儿吃。(3分)

2. 动作 语言 神态 生动形象地展现了母亲对女儿的爱(4分)

203

3.母亲虽然患病痴呆了,却依然深深地记挂着女儿。她为母亲对自己的爱而感动,也为母亲的病而难过。(3分)

4.是为了突出她遗忘了生命中的一切关联、一切亲爱的人,而唯一不能割断的,是母女的血缘。(3分)

5.议论 她的灵魂已经在疾病的侵蚀下慢慢地死去,然而永远不肯死去的,是那一颗母亲的心。(2分)

★试卷作家美文赏练★

【预测演练一】

1.(1)含义:既说明了鱼头味道的鲜美,又写出了一个鱼头中蕴含的爱,儿子对妈妈的爱以及妈妈感受到儿子的爱的幸福。作用:题目是文章的叙事线索,是文章中心主旨的依托,吸引读者。(3分)

(2)因为儿子从杂志上了解到"所有的女人都是在做了母亲之后才喜欢吃鱼头的",他以为妈妈也是如此,他假装爱吃鱼头是为了孝敬妈妈;妈妈不告诉儿子是因为她从儿子善意的谎言中感受到了儿子对她的爱,她不忍心说破这个秘密。(3分)

(3)示例:长大是一种善待人生,不虚度年华的誓言;长大是一种要报答父母恩的孝心;长大就是一切为报效祖国的责任。(言之有理即可)(4分)

2.(1)因为当时所有人都知道了"我"是为母亲来买面包,于是纷纷退让,让"我"先买。归根结底,是在每一位母亲的情怀里,都寄托着对儿女和自己美好未来的希望,前后形成对比。(3分)

（2）这"眼光"中包含了敬佩，惊讶与感动，他们心领神会地知道母亲等着这一刻已经好多年了。（3分）

（3）一个微笑，一个让路，母亲们的目光触及的不再是一个为母亲买面包的女儿，而是自己已经长大成人的儿女们，更是对自己美好未来的信心；文中的主人公后悔于自己答应为母亲买面包时的不情愿，感动于天下母亲对儿女细致入微的关爱。（4分）

（4）示例：①我的成长是刻在你额头上的横杠；我的放纵是刻在你眉心的竖杠；我的欢乐是刻在你眼角的鱼尾；我的成功是刻在你唇边的酒窝。②走遍千山万水，看过潮起潮落；历经风吹雨打，尝尽酸甜苦辣，始终觉得您的怀抱最温暖！不论我走多远，心中永远眷恋。（5分）

3. 略

【预测演练二】

1.（1）本文叙述了"他"这位病人无畏死亡，乐观地面对病痛，嘴边常开放着花儿般的微笑，这让"她"深深地懂得了"花的情意"，感悟到生命的本质。（3分）

（2）一位病人因治疗无效去世后，她无意间看到病人床头柜上的花，竟还绽放，似乎是在嘲弄她的无能。（2分）

（3）生命是容易逝去的，就像那转瞬即谢的花朵；然而人们世代传递的对未来的渴望和不朽的生的激情却是永存的，从而赞美了生命的本质在于"勇敢地开花"。（3分）

（4）示例：更喜欢"他"，因为"他"能乐观地面对疾病和死亡，能够笑对人生，就像一朵勇敢开放的花。（2分）

2.（1）第一件事：韩爷爷向"我"说出他的名字，并说他和"我"的名字是一对。第二件事："我"和同学打开了韩爷爷的书橱，韩爷爷想要教我外语却最终失望作罢。（2分）

（2）运用比喻的修辞，将老人比作"老家具""种了很多年的金橘"，表明老人的存在不引人注意，表现了作者的淡淡遗憾，形象生动。（3分）

（3）因为韩爷爷提出要教"我"外语，可"我"并不想学，因此很"尴尬"；同时"我"觉得韩爷爷想教"我"外语属于一厢情愿，"我"并没有时间，因此觉得"滑稽"。（3分）

（4）不能删去。"竟然"表述出乎意料的意思，表明同学的"少许意外"也是出乎"我"意料的。如删去，则表达不出这层意思。（3分）

（5）因为从韩爷爷身上，"我"看到了老人温和、善良、儒雅、关爱他人的美好品质，使"我"感到了不是亲人胜似亲人的温暖。所以，"我"觉得"三生有幸"。（4分）

3.略

【预测演练三】

1.（1）形容现象奇异，色彩繁杂。这里指流浪者行为举止奇异，和周围世界格格不入。（2分）

（2）"人行道之茧"表明了流浪者呈现于世人面前的一种感观，在骑楼下的人行道上，头尾都封得很严实的他的被窝，如同一枚茧。表现了他的卑微可怜，表达了"我"对他的同情。（3分）

（3）反问。增强语气，表达了"我"对十一月的午夜，有人

睡在室外露天水泥地上感到不可思议，也衬托出流浪者的可怜卑微。（3分）

（4）我们其实都是尘世的"流浪者"，所谓此心安处就是家，只要心安下来就能处处为家。（2分）

2.（1）写给马喂巧克力是为了表现马的温驯，以及"我"对马的喜爱，并为后文做铺垫，和后边的悲剧性场面形成对比。写马车逆行疾驰是为了表现进城做小本买卖的农民这一弱势群体的可悲可怜的处境，表达对这一群体的怜悯和同情。（4分）

（2）①作者认为马不应该进城，但也对这种现象表示极大的同情和理解。②我同意作者的看法。车进城于理不合，但是实在是情有可原，所以根本的解决办法不是加强城管的管理力度，而是要提高农民的生活水平。（4分）

（3）现在的题目更好一些。答题要点：①意思更明白，更能彰显文章主旨；②语意双关，更有韵味；③更有情感性，更具冲击力。（4分）

3. 略

【预测演练四】

1.（1）红莓果：成功的果实；悬崖：艰难的处境。（2分）

（2）勇敢、智慧、心中的渴望、充足的准备以及必须的、对未来的锲而不舍。（2分）

（3）缺乏勇气、智慧和耐力。（2分）

（4）首段以作者的失败经历起笔，末段用作者成功的感悟收束。首尾段有对比的意味。（3分）

（5）略

2.（1）①百思不解 ②整天奔走于补习中 ③考入名校 ④不甘愿（4分）

（2）运用比喻的修辞手法，将"绕过的弯道""偷过的懒"比作银行里的贷款，有天总会连本带利甚至付出更多去偿还，形象生动地说明，越是想走捷径越可能会走更漫长的路。（3分）

（3）BE（3分）

（4）生活中有时由于急于求成而选择走捷径，最后，反而事与愿违。还不如认可道路漫漫且修远，专注于当下，踏实走好每一步。我以为这类"走捷径""揠苗助长"的方式不可取，文中的父母给自己的孩子安排各样捷径，是不希望孩子输在起跑线上，最后反而在他们以为最重要的环节栽了大跟头；资料中的有些父母不管孩子的成长规律，进行超前教育，低龄化补习，让孩子不堪重负。他们这样做都是急于求成，可能会有暂时的成效，可是人的社会发展却没法提升，这类损失是没法挽回的。（5分）

3. 略

试卷上的作家

初中生美文读本

序号	作者	作品
1	安 宁	一只蚂蚁爬过春天
2	安武林	安徒生的孤独
3	曹 旭	有温度的生活
4	林 夕	从身边最近的地方寻找快乐
5	简 默	指尖花田
6	乔 叶	鲜花课
7	吴 然	白水台看云
8	叶倾城	用三十年等我自己长大
9	张国龙	一里路需要走多久
10	张丽钧	心壤之上,万亩花开

高中生美文读本

序号	作者	作品
1	韩小蕙	目标始终如一
2	林 彦	星星还在北方
3	刘庆邦	端 灯
4	刘心武	起点之美
5	梅 洁	楼兰的忧郁
6	裘山山	相亲相爱的水
7	王兆胜	阳光心房
8	辛 茜	鸟儿细语
9	杨海蒂	杂花生树
10	尹传红	由雪引发的科学实验
11	朱 鸿	高考作文的命题与散文写作

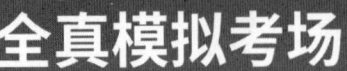